Kamelien

W0020051

blvgartenplus

PETER FISCHER

Kamelien

Die schönsten Sorten
Auswählen, Pflanzen, Pflegen

blv

Inhalt

Die Welt der Kamelien 7

Ein blühender Teestrauch 7
Marco Polos Entdeckung 7 – Klima- und Bodenansprüche 8 – Kamelienbäume in Europa 9
Kleine Kamelienbotanik 10
Eine sehr alte Familie 10
Die wichtigsten Wildarten 11
Kamelien als Nutzpflanzen 15
Tee für das Abendland 15 – Kostbares Kamelienöl 16 – Für Holzkohle viel zu schade 16
Kamelien als Zierpflanzen 16
Kamelien in Mitteleuropa 16 – Je älter, je schöner 17

Kamelien richtig pflanzen und pflegen 19

Standorte in Natur und Kultur 19
Schatten bevorzugt 19 – Pflanzengesellschaften 20
Klimatische Anforderungen 21
Schon beim Kauf auf Klimatauglichkeit achten 22 – Kamelienstandort Deutschland 23
Bodenqualität 24
Zusammensetzung und pH-Wert 24 – Kamelien auf alkalischem Boden 25
Kamelien richtig pflanzen 25
Gießen und Düngen 26
Gießen – mäßig, aber regelmäßig 26 – Die nötige Luftfeuchte 26 – Nährstoffversorgung 26 – Düngen in der Praxis 27 – Mulchen – Bodenpflege und Düngung zugleich 28
Winterschutz für Freilandkamelien 28
Kübelpflanzen erfolgreich überwintern 29
Neuer Topf für neues Wachstum 29

Kamelien schneiden 30
Rückschnitt nur im Ausnahmefall 30 – Knospenbildung 31 – Weniger Knospen – mehr Blütenqualität 31
Kamelien selbst vermehren 32
Stecklinge 32 – Veredeln 33 – Abmoosen 34 – Absenker 35 – Aussaat 35
Schäden erkennen und vermeiden 37
Krankheiten 37 – Schädlinge und Viren 39 – Physiologische Störungen 42

Die schönsten Kamelien im Porträt 45

Gartentaugliche Frühjahrsblüher 45
Herbstblüher 68
Winterblüher 73
Duftende Kameliensorten 82
Bonsai-Kamelien 86
Blattzierende Kamelien 88

Bezugsquellen, Adressen, Literatur 92

Die Welt der Kamelien

Vor rund 300 Jahren erst fanden Kamelien ihren weiten Weg aus Ostasien nach Europa. Seither jedoch genießen diese wahrhaften Pflanzenschätze während ihrer alljährlichen Blütezeit im Winterhalbjahr unsere Bewunderung. Bis Kamelien endlich auch bei uns zum allgemeinen Gartenstandard gehören, werden noch viele Jahre vergehen.

Ein blühender Teestrauch

Carl von Linné war just zur Einführzeit der Kamelie um 1750 im Begriff, lateinisch-griechische Benennungen für alle Pflanzenarten zu finden, und bedachte den mährischen Jesuitenpater Josef Kamel für seine Erstbeschreibung dieser Pflanze mit dem Namen Kamelie – obwohl Pater Camellus, der in Manila als Apotheker unter anderen auch ihm zugetragene Kamelien in Herbarbögen brachte, niemals in seinem Leben diese Pflanzen gesehen, geschweige denn ausgeführt hatte.
Um die wirkliche Einfuhr von Kamelien ranken sich sehr viele Geschichten, deren Wahrheitsgehalt nach so langer Zeit natürlich kaum zu überprüfen ist.
Und so streiten oder diskutieren auch heute immer noch Holländer, Italiener, Engländer, Franzosen und Portugiesen um den »Pokal« des Ersteinführers. Bedeutungsvoll werden solche Streitereien, wenn man, dank Linné, erfährt, dass Kamelien zu den Theaceae, das heißt den Teestrauchgewächsen, gehören. Hier nämlich kommt der massive wirtschaftliche Aspekt einer exotischen Pflanze zum Tragen und lässt eine Wichtigkeit in puncto Ersteinfuhr verstehen.

Marco Polos Entdeckung

Seit Marco Polo 1280 das Gebräu »Tee« in China kennen lernte, war bei uns im Abendland das Interesse am Lieferanten dieses vorzüglichen Getränkes geweckt. So nimmt es nicht wunder, dass sehr bald nach

Die bescheidene Blütengröße des Assam Tees *Camellia sinensis* subsp. *assamica* wird durch eine Wespe in der rechten Blume deutlich.

◀ Natürliche Größe zeigt hier die prächtige Blüte der 'Shiro Botan'. Ihr japanischer Name bedeutet übersetzt: »Weiße Paeonie«.

Die Welt der Kamelien

dem Erschließen der ostasiatischen Handelswege Tee praktisch dieselbe Bedeutung erlangte wie Seide, Porzellan und Gewürze aus der Kamelienheimat China.

Nun steht die chinesische Bezeichnung »Cha« für Tee und gleichzeitig für alle Pflanzen der Teestrauchgewächse, die überwiegend in China beheimatet sind. Das ursprüngliche Areal der Kamelien konzentriert sich vor allem um den 40. Breitengrad. Im Norden dehnt sich das Gebiet bis Korea aus, im Süden bis Vietnam. Japan ist das östlichste natürliche Verbreitungsgebiet, und Nepal bietet als äußerster Westen Kamelienheimat.

Fortschreitende Zivilisation, Urbarmachungen und Urbanisierungen ließen die ursprünglich Wald bildenden Kamelienbestände schrumpfen und teilweise verschwinden. Inzwischen muss auch bei Kamelien wie in der übrigen Pflanzen- und Tierwelt ein strenger Artenschutz dafür sorgen, dass verbliebene Bestände in der freien Natur erhalten werden. Überraschend und erfreulich ist jedoch, dass selbst heute noch immer wieder unbekannte und für uns Menschen neue Kamelienarten entdeckt werden.

Klima- und Bodenansprüche

In den Ursprungsländern aller Kamelien finden diese Pflanzen ideale Lebensbedingungen in Gebieten der gemäßigten Zonen: Die Jahres-Niederschlagsmenge beträgt dort im Mittel 1200 mm und verteilt sich von März bis oft in den Juni. Nur in Höhenlagen Japans und Chinas kommen teilweise vorwinterliche Schneefälle als Niederschlag hinzu. Küstennähe und waldreiche Höhenlagen bieten eine annähernd ganzjährig hohe Luftfeuchtigkeit von 80 Prozent. Kamelien wurzeln flach in humusreichen Waldböden; nur dort, wo nährstoffreichere Verwitterungsböden anstehen oder sich massive Lößböden befinden, ist ein Wurzeln bis über 3 m Tiefe möglich. Obwohl keinerlei botanische Verwandtschaft gegeben ist, lassen sich an Rhododendren, die häufig in Kamelienheimatgebieten vertreten

Geradezu paradiesische Kamelienbedingungen im Garten von Tom Durrant am Rotoruasee auf der Nordinsel von Neuseeland.

Ein blühender Teestrauch

sind, ganz ähnliche Wurzelungsneigungen beobachten. Klima- und Bodenansprüche von Kamelien, einschließlich eines identischen pH-Wertes, sind in der freien Natur absolut auch für Rhododendron gültig. Kamelien zählen wie Rhododendren zu den immergrünen Gehölzen und wachsen jeweils zu Bäumen heran. Erst mit 300 Jahren ist eine Kamelie ausgewachsen, was je nach Art zwischen 6 und 18 m Höhe bedeuten kann. Die ältesten lebenden und alljährlich reich blühenden Kamelien findet man in der chinesischen Provinz Yünnan; sie sind mit eintausend Jahren 15 m groß. Hier handelt es sich um *Camellia reticulata*. Auf der chinesischen Insel Hainan stehen in einem größeren Areal Wald bildend bis 18 m hohe *Camellia sinensis*, der so genannte echte Tee, in etwa 600 Jahre alten Beständen.

Hier der seltene Anblick der Pillnitzer Kamelie in prächtiger Blüte, einmal ohne ihre schützende Glashülle.

Kamelienbäume in Europa

Eher bescheiden fallen demgegenüber Kameliendimensionen außerhalb ihres Heimatgebietes aus: Mit gerade einmal 300 Jahren hat die älteste heute lebende Kamelie in Europa eine Höhe von 12 m, und ihre Mehrstämmigkeit bringt insgesamt einen Stammumfang von 6 m. Diese Kamelie lebt seit den tatsächlichen europäischen Kamelienanfängen in Vila Nova de Gaya bei Porto und erfreut sich fern ihrer Heimat in Portugal bester Gesundheit. Italiens älteste Kamelie in Caserta macht mit ca. 250 Jahren mittlerweile keinen so vitalen Eindruck mehr. Da wirkt die mit etwas über 200 Jahren älteste Kamelie Deutschlands in Pillnitz bei Dresden gesünder, wenngleich diese Pflanze niemals ungeschützt dem deutschen Winter ausgesetzt bleibt. Eine eigene, sommers abnehmbare Gewächshauskonstruktion beschützt das Prachtexemplar vor allen Unbilden

Die Welt der Kamelien

mitteleuropäischer Winter. Mit Abstand die ältesten aller heute lebenden Kamelien außerhalb ihrer Heimat sind jeweils *Camellia japonica*. Erwiesenermaßen gelangten diese Pflanzen oder auch deren Saat zuerst nach Europa, etliche machten über England ihren Weg nach Amerika, Australien und Neuseeland. Kamelien finden auf der ganzen Welt passende Lebensbedingungen, sofern dort ein gemäßigtes Klima mit den uns bekannten mehr oder minder deutlichen vier Jahreszeiten herrscht. Überdies benötigen alle Kamelien einen Wurzelraum, der »waldgemäß« durchlässig-luftig, aber auch wasserhaltend strukturiert sein muss und im Idealfall einen konstanten pH-Wert von 5,5 aufweist.

Ein tiefes Eintauchen in die gesamte wunderbare Kamelienwelt mit ihrer Historie, der Gegenwart und ihrer Zukunft wird jedem ermöglicht, der bereit ist, einer Kameliengesellschaft beizutreten. Jährliche Kamelienreisen stehen im Programm. Die ICS (International Camellia Society) ist weltweit aktiv und hat eine große deutsche Gruppe. Adresse siehe Anhang.

Kleine Kamelienbotanik

Mehr als 35 Gattungen umfasst die Familie der Teestrauchgewächse oder **Theaceae**, unter denen Teestrauch und Kamelie die bekanntesten Sippen sind. Dennoch finden sich insgesamt mehr als 600 verschiedene Arten auf der Welt, überwiegend in den Subtropen. Fast alle Teestrauchgewächse haben glänzend ledrige Blätter, die am Rand meist glatt sind, aber auch gesägt sein können. Die auffälligen Blüten präsentieren sich meist weiß, aber auch rötlich und gelb und sind kaum gestielt. Sie stehen meist einzeln in den Achseln der Laubblätter und auch am Endtrieb. Im Aufbau der stets strahligen Blüte gibt es in der großen Familie nur geringe Unterschiede. In den meisten Fällen umschließen 5 Kelch- und 5 Blütenblätter wirtelig bis spiralig angeordnet zahlreiche Staubblätter. Ein verwachsenblättriger Fruchtknoten wird von 2 bis 10 Fruchtblättern gebildet. Die Samenanlagen stehen zentralwinkelständig, und jedes Fruchtblatt bildet eine eigene Höhlung. Alle Teestrauchgewächse können Sklereiden bilden. So bezeichnet man Einzelzellen mit verdickten Wänden, die in vielen Teilen der Pflanze möglich sind, sogar in den Staubblättern. Die Früchte enthalten fettes Öl oder nur Stärkekörner.

Eine sehr alte Familie

Entwicklungsgeschichtlich betrachtet, gehören Theaceae zu den ersten Blütenpflanzen. Sehr einfache Blüten und auch ihr Holz deuten darauf hin. Im Tertiär war diese Familie weitaus mehr verbreitet als heute. Mehrere in Bernstein gefundene Blüten mit bis 3 cm Durchmesser lassen vermuten, dass Teestrauchgewächse ihre Hauptentfaltung auf der nördlichen Halbkugel hatten und dann von dort aus den Süden des asiatischen und amerikanischen Kontinents besiedelten, wo sich heute ihre Häufigkeitszentren befinden. *Cleyera*, *Ternstroemia* und *Stewartia* sind in Ostasien wie auch in Amerika endemisch. Die Gattung *Franklinia* mit nur einer Art, *F. alatamaha*, existierte nur in Amerika; sie ist 1790 in der Natur ausgestorben. *Camellia* indes zählt über 200 Mitglieder! Ihre Arten und Unterarten sind ausschließlich in Ostasien endemisch. Bemerkenswert, dass sogar heute noch ganz neue Arten entdeckt werden.

Die wichtigsten Wildarten

Selbst für den Botaniker ist das Spektrum der Gattung *Camellia* schier unendlich, zumal hier noch längst nicht alles aus der Natur entdeckt und aufgelistet ist. Die Ordnung der Kamelienfamilie sieht nach dem Gattungsnamen die Spezies (Art) vor. Wegen dieser wirklich großen Vielfalt von Spezies unterteilt man Kamelien zur besseren Kenntlichmachung ihrer Merkmale in 20 Sektionen.
Die Sehnsucht der Pflanzenliebhaber nach Ursprünglichem ist hierzulande inzwischen auch mit Kamelien sehr wohl erfüllbar. So kann man mittlerweile die nachfolgend beschriebene kleine Auswahl von Kamelien-Wildarten in wenigen botanischen Gärten bewundern und in noch weniger Kamelien-Spezialgärtnereien auch erstehen.
Camellia amplexicaulis aus der Sektion Archecamellia stammt aus Vietnam, wo sie in der buddhistischen Tempelkultur mit ihrer Blüte und Knospe eine wichtige Rolle spielt. Nur 5 m groß und straff aufrecht wächst diese seltene Art in subtropischen immergrünen Bergwäldern. Ihre bis 30 cm langen hochglänzenden Blätter sind stark genarbt. Zahlreiche Blütenknospen schwellen bis 5 cm an, um sich zu einer für Kamelien ungewöhnlichen 10 cm großen rosaroten Blüte mit weiß erscheinendem Rand zu öffnen. Die Blütenblätter sind seerosengleich nach innen gewölbt, und die hellgelben feinen Staubgefäße bilden ein dichtes Büschel im Zentrum der Blüte.
Camellia crapnelliana in der Sektion Furfuracea aus Südchinas Bergen wird bis 8 m groß und bildet eine mächtige Krone. Als wären samtene zimtfarbige Rinde und ein hochglänzendes, 12 cm langes, ovales, genarbtes Blattwerk nicht schon Zierde genug, erscheint obendrein eine 10 cm große weiße Blüte, fast wie ein Spiegelei. Unter allen Kamelien bildet diese Wildart die mit 12 cm Durchmesser größten Früchte aus, was ihr auch das Synonym *Camellia gigantocarpa* eingebracht hat.
Camellia cuspidata aus der Sektion Theopsis fand schon vor 50 Jahren den Weg in den Westen und ist als Kreuzungspartner in etlichen modernen Sorten vertreten. Diese nur bis 3 m hoch werdende Art ist in mehreren Provinzen Chinas beheimatet. Das zierliche Blattwerk wirkt rötlich im Austrieb. Die 2,5 cm große, leicht duften-

Als eine der zauberhaftesten Kamelienwildarten ist *Camellia amplexicaulis* mit ihrem mächtigen Blattwerk anzusehen.

de einfache Blüte erscheint oft schon vor der Jahreswende reichlich in den Blattachseln bis zur Triebspitze.
Camellia fraterna, Sektion Theopsis, aus Zentralchina wird hier bis 5 m groß. Die bis 8 cm langen elliptischen Blätter haben wenig Glanz. 2,5 cm groß präsentieren sich die weißen duftenden Blüten, die immer in großer Zahl erscheinen, dafür jedoch recht kurzlebig sind.
Camellia grijsii, Sektion Paracamellia, stammt aus Südwestchina und wird nur 3 m groß. Der etwas steife, aufrecht wachsende Strauch hat ca. 7 cm große, fast rundliche Blätter. Die zahlreichen bis 3,5 cm großen weißen, duftenden Blüten wei-

sen bis zu 7 oft verdreht stehende Einzelblütenblätter auf, die recht auffällig um hellgelbe Staubgefäße angeordnet sind. Diese anspruchsvolle Schönheit hat große Ähnlichkeit mit *Camellia yuhsienensis,* deren Blätter jedoch ovaler geformt sind.
Camellia japonica, Sektion Camellia, ist in Japan wie auch in Ostchina beheimatet und bildet bis 15 m hohe Bäume mit hochglänzender, oval zugespitzter, sattgrüner Belaubung. Vielen ist diese Wildart der Inbegriff der »Ur-Kamelie«, was möglicherweise auf ihre frühe Einfuhr in Europa zurückgeht. Tatsächlich gibt es heute noch in China und Südjapan Wald bildende Bestände, die ein weißes, rosafarbenes oder auch rotes Vorfrühlingsblütenfeuerwerk bringen. Die Einzelblumen sind bis 7 cm groß und haben 5 bis 9 Blütenblätter um die goldgelbe Krone von Staubgefäßen. Bis heute ist *Camellia japonica* die wichtigste Art in der Kamelienzüchtung und steht für weltweit 20 000(!) unterschiedliche Formen.
Camellia lutchuensis, Sektion Theopsis, wird in ihrer Heimat Japan nur 3 m groß. Der zierliche, kleinlaubige und feinästige Strauch bildet mitten im Winter wahre Blütenkaskaden von betörendem Duft. Die nur 1,5 cm große Einzelblume besitzt 6 weiße Blütenblätter und lichtgelbe Staubgefäße. Etliche Kreuzungen mit dieser Wildart haben neue duftende Kameliensorten hervorgebracht.
Camellia maliflora, Sektion Paracamellia, ist in ihrer Heimat Westchina in der Natur ausgestorben. Vermutlich handelt es sich um eine Wildhybride, was die 6 cm kleine zartrosa, dicht gefüllte und sterile Blüte unterstreichen würde. Etwa 100 Jahre alte Pflanzen in Europa sind 5 m groß. Ovale, 5 cm lange, dicht stehende Belaubung schmückt die feinästige aufrecht wachsende Pflanze.
Camellia nitidissima, Sektion Chrysantha, gehört in die spektakuläre Gruppe von inzwischen 14 verschiedenen entdeckten hell- bis goldgelb blühenden Kamelien-Wildarten. Alle stammen aus dem subtropischen China und Vietnam, wo sie bis 5 m groß werden. Ihre 12 cm langen elliptischen olivgrünen Blätter sind stark genarbt. Der Neuaustrieb präsentiert sich rötlich braun. Ihre duftende, goldgelbe, wachsartige glänzende Blüte hat bei einem Durchmesser von 4 cm 5 bis 10 Petalen und orangefarbene Staubgefäße. Leider

Blütenüppigkeit en miniature bietet die zierliche *Camellia maliflora* mit ausgesprochen delikatem Rosaton in ihrer gut gefüllten Blume.

Die wichtigsten Wildarten

ist diese Art in Europa ausgesprochen »blühfaul« und lässt auch in der intensiven Blütenfarbe sehr zu wünschen übrig.
Camellia oleifera, Sektion Oleifera, ist sehr weit in China verbreitet. Pflanzen aus nördlichen Heimatgebieten sind bei uns winterhart! Diese bis 10 m hoch werdende Art treibt 9 cm lange mattgrüne Blätter. Ihre im Spätherbst einsetzende weiße Blüte mit 5 bis 7 Petalen und gelben Staubgefäßen verströmt leicht herben Duft. Wegen ihrer ölhaltigen Früchte wird diese Art als Nutzpflanze kommerziell angebaut.
Camellia pitardii, Sektion Camellia, ist je nach Herkunft eine variable Art. In Yünnan, Szetchuan und weiteren Provinzen Chinas ist diese Art vertreten. Pflanzen in über 3000 m hoch gelegenen Regionen haben hartes kleines Laub und werden kaum 2 m groß. Andere erreichen mit größerem Laub bis 12 m. Ihre Blüten variieren in Größe und Farbe von Weiß bis leuchtend Rosa. Immer haben die Blumen 5 bis 6 Blütenblätter, die Staubgefäße können von Schwefelgelb bis Orange erscheinen. Hin und wieder kommen duftende Blumen vor.
Camellia pitardii ist in jüngeren Zeiten wichtiger Kreuzungspart-

Immer noch spektakulär erscheint die gelbe *Camellia nitidissima,* ehemals als *C. chrysantha* bezeichnet. Nur in ihrer Heimat blüht sie wirklich goldgelb.

ner zum Erzielen schöner und winterharter neuer Sorten.
Camellia reticulata, Sektion Camellia, ist ausschließlich in Yünnan heimisch, wo sie auch als Nationalblume gilt. 1000-jährige Exemplare bis 15 m Größe sind hier anzutreffen. Der Wuchs ist sparrig aufrecht. Das breitelliptisch bis lanzettförmige, 12 cm lange Blatt besitzt wenig Glanz. Die Blütenfarbe variiert von blass rosafarben bis glühend purpurn. 5 bis 8 leicht verdrehte Blütenblätter geben die-

ser bis zu 14 cm großen Blume mit gelben Staubgefäßen viel Substanz. Es existieren viele Naturhybriden. In der Züchtung entstanden Sorten mit über 20 cm Blütendurchmesser und noch größerem Farbspektrum.
Camellia saluenensis, Sektion Camellia und ebenfalls aus Yünnan, wird hier bis 6 m groß. Das oval zugespitzte, bis 5 cm lange Blatt weist deutliche Randzähnung auf. In der bis 6 cm großen einfachen Blüte steht ein goldenes Büschel von Staubge-

Die Welt der Kamelien

fäßen. Sehr variabel sind die in der Natur auftretenden Blütenfarben von Weiß bis Pink. Der Engländer Williams kreuzte zum ersten Mal *Camellia japonica*-Sorten mit *Camellia saluenensis*. Die entstandenen Hybriden werden heute oft als Williamsii-Hybriden bezeichnet.
Camellia sasanqua, Sektion Oleifera, stammt aus Japan, wo sie bis 7 m heranwächst. Kleines, dichtes Laubwerk bei feiner Beastung lässt Ähnlichkeiten mit der bekannten Birkenfeige erkennen. Die Blütezeit dieser Art beginnt im Herbst. 5 bis 7 cm große einfache Blumen, überwiegend weiß mit Rosahauch, erscheinen an sonnigen Standorten in großer Zahl. Der Duft ist erdig-herb. Die Früchte werden zur Ölgewinnung genutzt. Weltweit gibt es hunderte Sorten aus dieser Art in vielen Farben und Gefülltheitsgraden.
Camellia sinensis, Sektion Thea, ist wirtschaftlich gesehen die wichtigste aller Kamelien. Als »echter Teestrauch« wird diese Pflanze millionenfach angebaut. In der Natur, in vielen Provinzen

Camellia saluenensis im Januar in Yünnans Bergwäldern auf 2000 m Höhe unter Pinien als blühendes Unterholz. Aus dieser Wildart entstanden die wertvollen Williamsianum-Hybriden.

Chinas und Vietnams, können die Pflanzen zu 15 m hohen Bäumen heranwachsen. Das weiche Blatt wird 12 cm lang, bei *Camellia sinensis* var. *assamica* bis 14 cm. Die 2,5 cm kleinen weißen Blüten mit goldgelben Staubgefäßen erscheinen im Herbst. Duft und Reichblumigkeit werten diese Nutzpflanze als wertvolle Zierpflanze auf, wenn auch ihre Pflegeansprüche etwas höher sind.

Camellia tsaii, Sektion Theopsis, ist in Südwestchina und Vietnam beheimatet. Bis 5 m groß wird diese Art mit ihrem hochglänzenden trauerweidenähnlichen dunkelgrünen Blatt. Der Habitus ist elegant bogig ausladend. Im frühen Winter erscheint die reiche, leicht duftende, ca. 2 cm kleine weiße Blüte.

Camellia yunnanensis, Sektion Stereocarpus, ist in Yünnan und Szetchuan zu Hause und wird dort bis 10 m groß. Die samtartige braune Rinde ziert auffällig. Das genarbte ovale, 10 cm große Blatt ist, ebenso wie das einjährige Holz, an seiner Unterseite und am Stiel braun behaart. Die 6 cm großen weißen Blüten mit großem goldenem Büschel von Staubgefäßen präsentieren sich prächtig an den Triebenden. Die Früchte können auf bis 7 cm Größe heranwachsen.

Kamelien als Nutzpflanzen

Wir kennen Kamelien heute primär als Zierde für Haus und (Winter-)Garten. Dabei blickt diese Gattung auf eine lange Geschichte als Nutzpflanze zurück und hat teilweise auch heute noch ausgesprochen hohen Gebrauchswert.

Tee für das Abendland

China nutzte bis zum 5. Jahrhundert die Blätter der *Camellia sinensis* ausschließlich medizinisch. Eine Teegewinnung lässt sich erst ab dieser Zeit belegen. Im 9. Jahrhundert dann gelangten Teepflanzen nach Japan. Verhältnismäßig spät fand ihr Produkt Eingang in Europa. 1712 wird Tee übrigens zuerst in Russland erwähnt, erst später dann in anderen europäischen Ländern. Heute ist England mit einem jährlichen Pro-Kopf-Verbrauch von 4 kg Tee Weltmeister der Tee trinkenden Nationen. Nach der Verarbeitung der Blätter unterscheidet man grünen und schwarzen Tee; letzterer ist immer ein fermentierter Tee mit weniger Gerbstoffen und Alkaloiden. Mit einem Koffeingehalt von bis zu 5 Prozent ist Tee alkaloidreicher als Kaffee. In den Blättern ist aber auch Adenin enthalten, ein Antagonist des Koffeins, der dessen Wirkung mildert. Weitere im Tee befindliche Alkaloide sind Theophyllin und Theobromin.

Bis mannshoch werden in den Plantagen die Teepflanzen gehalten. Bei maschineller Ernte der Spitzen wird in Hecken angebaut. China, Japan, Indien und Sri Lanka sind die wichtigsten Produktions- und Exportländer. Der beste Tee wird in Höhenlagen um 900 m geerntet. *Camellia sinensis* und *Camellia sinensis* subsp. *assamica* (siehe Bild Seite 7) sind die wichtigsten Teelieferanten, obwohl in Japan und auch in China weitere Kamelienwildarten zur Teegewinnung angepflanzt werden.

Aus vertrocknet erscheinenden Blütenknospenhüllen entwickeln sich von Januar bis Februar diese wundervollen Blüten der *Camellia yunnanensis*.

Kostbares Kamelienöl

Aufgrund des hohen Ölgehaltes ihrer verhältnismäßig großen Samen bieten sich alle Kamelien auch zur Ölgewinnung an. Tatsächlich wird von alters her in China und Japan aus den Früchten von *Camellia oleifera* und *Camellia sasanqua* ein wertvolles Öl gewonnen. Seine hohe Viskosität macht es für Industriezwecke wichtig. In erster Linie wird es jedoch als Speiseöl verwendet und findet inzwischen auch in europäischen Kosmetika zunehmend Verwendung. Japanische Geishas bringen seit Jahrhunderten nur mit Kamelienöl Glanz ins Haar.
Der Kamelienöl-Gewinnungsprozess ist sehr arbeitsintensiv. Die extrem gute Ölqualität jedoch lohnt diesen Aufwand. In den letzten Jahren hat man in China aus Versuchsanlagen mit anderen Ölsaat liefernden Kamelienwildarten viele tausend Hektar Kamelienöl-Plantagen gemacht.

Teeplantagen sind riesig, häufig so weit das Auge reicht – hier in Sri Lanka *Camellia sinensis* subsp. *assamica* in 900 m Höhenlage.

Für Holzkohle viel zu schade

Einhergehend mit dem Abnehmen der Kamelienwaldbestände in China wie auch in Japan ist die Holzkohlegewinnung aus Kamelienholz fast zum Erliegen gekommen. Schwerter der Samurai-Krieger durften einstmals freilich ausschließlich über Holzkohlen von Kamelien geschmiedet werden. Das überwiegend schöne Holz von Kamelien wird nur in China und in Japan verwendet, wo es als Möbel- und Furnierholz oft im sakralen Bereich eingesetzt wird. Kaiserliche Paläste, aber auch Herrenhäuser zeigen das verarbeitete edle Kamelienholz häufig.

Kamelien als Zierpflanzen

Von ganz seltenen Ausnahmen abgesehen, kommt Kamelien außerhalb ihrer natürlichen Verbreitungsgebiete nur Bedeutung als Zierpflanzen zu. Während man in Portugal, an der spanischen Atlantikküste, in Oberitalien und sogar in Südengland und Irland von einer gewissen »Einbürgerung« der Kamelie sprechen kann, hat diese Pflanze in allen übrigen europäischen Ländern einen relativ schweren Stand.

Kamelien in Mitteleuropa

Deutschlands Erwerbsgartenbau produziert derzeit jährlich zwei Millionen Kamelien, was allein nicht zu einer echten Einbürgerung dieses wundervollen Gehölzes führen kann. So hat, zugegebenermaßen, ein Gehölz wie die Kamelie weder als echte Zimmerpflanze noch als übliche Gartenpflanze große Zukunftsaussichten. Glück mit Kamelien ist uns jedoch sicher, wenn wir uns bemühen, nach bestem Kenntnisstand auf die wirklichen Bedürfnisse dieser wundervollen Pflanze einzugehen, damit die Kamelie auch Glück mit uns erlebt.

Kamelien als Zierpflanzen

Wenn auch längst verblüht, ist der Kamelienblumenreigen um die 18jährige, zwergig wachsende Hybride 'Itty Bit' immer noch eindrucksvoll.

Je älter, je schöner

Wie viele andere Gehölze gewinnen Kamelien mit den Jahren an Schönheit. Die Pflanzenerscheinung selbst, vor allem aber der jährliche wiederkehrende Blütenreichtum zu einer Jahreszeit, in der bei uns weder drinnen noch draußen Pflanzen blühen, die konkurrieren könnten, machen Kamelien zu Recht sehr begehrt.

Seit mehr als 50 Jahren stehen inzwischen auch hier in Deutschland frei ausgepflanzte Kamelien in den Gärten. Diese und unzählige jüngere Pflanzen beweisen längst Jahr für Jahr absolute Gartentauglichkeit. Bis auf ganz wenige vertragen alle Kamelien in der Winterruhe zumindest kurzfristig Frost bis –10 °C. Diese Toleranz macht natürlich keineswegs alle Kamelien zu gartengeeigneten Pflanzen. Vielmehr ist zu betonen, dass jeder, der sich über die Anzahl der gartentauglichen Kamelien hinaus das gesamte Spektrum nicht nur in Blütenvielfalt erschließen möchte, über einen angemessenen Überwinterungsort verfügen muss. Kalte, schattier- und lüftbare Wintergärten oder ebensolche Gewächshäuser bieten jedoch geradezu ideale Kamelienstandorte.

Wohnräume müssen als Winterquartier ausgeschlossen werden, sofern sie Temperaturen von +12 °C überschreiten. Hier machen sich schon Schäden an den Pflanzen bemerkbar, wenn diese Maximaltemperatur nur für einen Tag überschritten wird. Auch die Mindestluftfeuchte von 60 Prozent kann bei Wohnraumheizung im Winter nicht geboten werden. Vielerorts kann man die zum Glück nur kurzzeitig notwendige Überwinterung der Topfkamelien freilich in kalten Kellern oder sogar Garagen vornehmen – fast immer mit Erfolg.

auf einen blick

- Langlebigkeit und wachsende Schönheit aller Kamelien erfordert vor einer Beschaffung dieser kostbaren Pflanzenschätze gründliche Überlegung.
- Ideale Standorte bieten fortwährend Raum für rundum optimale Kronenentwicklung und bis zum Boden reichende Belaubung.
- Alljährlicher Blütenreichtum ist kaum sortenabhängig, wohl aber durch sehr lichte Standorte unter Vermeidung praller Mittagssonne zu erreichen.
- Windgeschützte Standorte erlauben lang anhaltende, makellose Blütendauer.
- Kamelien-ideale »Durchwurzelungsmedien« (Böden) stehen selten in Gärten an, lassen sich jedoch mit relativ geringer Mühe herstellen. Eigene Rhododendron-Erfahrungen sind hierbei hilfreich. Wässerung und Düngung von Kamelien sind wie bei Rhododendren zu handhaben.

Standorte in Natur und Kultur

Kamelien richtig pflanzen und pflegen

Herrlich blühende Kamelien begeistern jeden Betrachter, und es wächst der verständliche Wunsch, eine solch traumhafte Pflanze selbst zu besitzen. Wenn Sie einige entscheidende Dinge bei der Standortwahl, der Pflanzung und Pflege beachten, steht Ihrem Kamelien-Glück nichts mehr im Wege.

Standorte in Natur und Kultur

Trotz großer Vielfalt und eines flächenmäßig riesigen Heimatgebiets erfüllen alle Kamelienstandorte in der Natur überraschend gleiche Bedingungen. Über das ganze Jahr gesehen bilden nur die Winterschnee- und Dauerfrostzonen Japans und Chinas geringfügige Ausnahmen; sie weichen vor allem durch hochalpine freie Lagen zwischen 1000 und 3000 m ab. Sofern die Berge nicht wolken- oder nebelverhangen sind, sind die hier heimischen Kamelien immer der vollen Sonne ausgesetzt – Bedingungen, die diesen Pflanzen gewöhnlich nicht behagen.

◀ Alljährlich im April begeistern im Garten wahre Blütenkaskaden der robusten 'Guilio Nuccio', deren Farbe und Blütengröße kaum zu übertreffen sind.

Hilfreich zum leichteren Nachvollziehen idealer Kamelienstandorte ist der Hinweis, dass sich in der Natur sehr häufig Rhododendren in unmittelbarer Kameliengesellschaft befinden. Erfolgreiche Rhododendrenkultur im eigenen Garten verspricht folglich eine ebenso erfolgreiche Kamelienkultur.

Schatten bevorzugt

Im lichten oder auch wandernden Schatten findet man in der Natur wie im Garten sehr vitale Kamelien. Die Vermeidung praller Mittagssonne sichert optimale Blütenqualität; Vollschatten lässt Kamelien zwar gut wachsen, die Blütenknospen-

Nur von der Blütenlast, nicht vom Alter (immerhin 80 Jahre) gebeugt zeigt sich 'Adolphe' Audusson im Garten unter hohen Eichen und Kiefern.

Kamelien richtig pflanzen und pflegen

ausbildung bleibt jedoch unbefriedigend.

Bei der Standortwahl für dauerhaft im Garten verbleibende Kamelien ist ein Platz ohne Wintermorgensonne zwingend, will man Auftau- und Sonnenbrandschäden an diesen immergrünen Pflanzen vermeiden. Kurzfristige starke Schwankungen zwischen Sonne und Schatten fördern Blattverbrennungen, insbesondere dann, wenn Standort oder Substrat nicht ausreichend Feuchtigkeit speichern können.

West- oder Nordwestlagen im Garten bieten sich als ideale Kamelienstandorte an, sofern kein unmittelbarer Wurzeldruck vorhandener Großgehölze wirkt.

Pflanzengesellschaften

Spätestens nachdem der optimale Gartenstandort ausgemacht ist, sollten harmonische natürliche Pflanzengesellschaften bedacht werden. In gewachsenen älteren Gärten sind häufig ideale Vorgaben durch den Baumbestand gegeben. Birke, Ahorn, Eibe und erwachsene Koniferen sollten als unmittelbare Nachbarn allerdings gemieden werden. Ihr Wurzeldruck mit nie ausreichender Bodenfeuchtigkeit lässt Kamelien wenig Chancen. Eichen und Kiefern hingegen verstehen sich prächtig mit Kamelien.

Rhododendron-Gesellschaft wie in der freien Natur kann im Garten für ideale Standort- und Bodenbeschaffenheit einbezogen werden. Ein im Winter morgensonniger und freier Ostwindstandort ist nur bei spezieller Abschirmung zu empfehlen. Der optimale Kameliengartenstandort schließt Mittagsonne aus und befindet sich in geschützten Nordwestlagen. Gartenböden mit möglicher Staunässe und kalkhaltige Böden sind für Kamelien ungeeignet.

Auf gute Nachbarschaft!

Mit Magnolien und Kirschen ergeben sich zauberhafte Frühjahrsbilder. **Azaleen** und **Rhododendren** im gesamten Spektrum sind durch identische Ansprüche für eine Symbiose mit Kamelien geradezu prädestiniert. Zauber-

Harmonische Begleitpflanzungen steigern durch Farbe und Struktur jedes Kamelien-Umfeld und machen ihre Blütenpracht noch üppiger.

Werden Kamelien in Kübeln von drinnen nach draußen bewegt, ist ein allmähliches Gewöhnen an den Freiland-Standort zwingend. Abrupte Veränderung führt zwangsläufig zu Schäden.

nüsse, Scheinhaseln, Ranunkelsträucher, Mahonien und Winterjasmin verhelfen mit ihrer gelben frühen Blüte einer Kamelie zu noch strahlenderem Ansehen. Und während üppige Narzissen im Vordergrund mit dem Farbenspiel der Kamelienblüte wetteifern, setzen Schneeheiden, Frühlingsprimeln und Anemonen ebenso passende Farbakzente.

Geht es um eine ruhige **immergrüne Bodendecke**, sind Efeu, Dickähre, Japanseggen, Waldmarbel, Immergrün und viele immergrüne Farne wundervolle natürliche Kameliengesellschafter. Elfenblumen, Christ- und Lenzrosen sowie Funkien in allen Varianten fordern geradezu die Kameliennähe heraus. Bambus als klassische »kamelienheimatliche Gesellschaft« sollte wegen ihrer wurzelraumgreifenden Neigung nur wohl überlegt und mit Rhizomsperren versehen in den Garten gebracht werden.

Das heutzutage vielfältige Garten-Hortensien-Sortiment lässt sich uneingeschränkt mit allen Kamelien einsetzen. Auch alle Klematis sowie Blauregen passen als Kletterbegleiter sehr gut zu Kamelien. Der gestaltete Japanische Garten gleich welcher Größe bliebe ohne Kamelien wie ein Himmel ohne Sterne. Und als Solitär im Rasen des Vorgartens wirkt diese Pflanze wie die Primaballerina beim Dorftanz. Alle hier erwähnten Möglichkeiten sind nur ein kleiner Teil des Machbaren. Gärten mit herrlichen Kamelien müssen kein Traum bleiben. Seit Jahrzehnten in Vergesellschaftung mit oben genannten sowie Hunderten weiteren Gartenschätzen bewährt, wächst Kamelienschönheit von Jahr zu Jahr.

Klimatische Anforderungen

Als Pflanzen der gemäßigten Zonen sind Kamelien mit ihrem Wachstum und jeglicher natürlicher Entwicklung abhängig von den vier Jahreszeiten, die auch bei uns herrschen. Der Sommer im Kamelienheimatgebiet kann weitaus wärmer ausfallen und auch länger währen als bei uns. Der Winter dagegen ist am Naturstandort der Kamelien kürzer und, ganz bedeutsam, verläuft immer in nur einem zusammenhängenden Zeitabschnitt.

Wie bereits erwähnt, weichen auch die Niederschläge im natürlichen Verbreitungsgebiet der Kamelien von deutschem Standard ab. So ist es nicht verwunderlich, dass, gemessen an ihrer großen Anzahl, nur sehr wenige Kamelienarten mit ihren Sorten die nötige Toleranz mitbringen, um auch bei uns jährlich gut zu blühen und dauerhaft zu wachsen.

In 2600 m Höhe in Yünnan trotzt diese *Camellia pitardii* im lichten Bergwald den hier im Februar noch ständig auftretenden Nachtfrösten bis – 10 °C.

Kamelien richtig pflanzen und pflegen

Mehr als 300 verschiedene Kamelien zeigen in den Ausstellungshäusern im Kamelien-Paradies Wingst im März ihre verschwenderische Pracht.

Schon beim Kauf auf Klimatauglichkeit achten

Wählen Sie beim Einkauf von Gartenkamelien nur ausgewiesen erprobte Sorten! Sind die Pflanzen im Klimagebiet des eigenen Gartens aufgezogen worden, lassen sich ihre Zukunftsperspektiven kaum noch optimieren. Wegen des milderen Klimas haben Kamelien aus südlichen Anzuchtgebieten oft einen doppelt so starken Jahreszuwachs, wie er bei uns möglich wäre. Bei optisch guter Qualität der Pflanzen verlockt deshalb häufig ein günstiger Preis – bisweilen gerade einmal die Hälfte dessen, was man für heimisch produzierte Kamelien gleicher Güte zahlen muss. Dennoch sind, insbesondere nach härteren Wintern, in solchen Fällen Enttäuschungen vorprogrammiert. Kamelien aus wärmeren Klimazonen haben durch zu schnelles Wachstum zudem kaum die Möglichkeit, die für unsere Winter notwendige Ausreifung zu erlangen. Blütenknospen, ein kompletter Jahreszuwachs oder sogar die gesamte Pflanze können dem hiesigen Winter zum Opfer fallen.

Überwinterung im Gewächshaus oder Wintergarten

Für frostfrei und nicht im Garten überwinterte Kamelien gelten die zuvor erklärte Kriterien nicht. Klimagesteuerte Gewächshäuser oder Wintergärten lassen einen ganzjährigen Verbleib aller Kamelien zu. Schattiert wird bei anhaltendem Sonnenschein auch im Winter mit Material, das 50 % Schattierwert hat. Eine weit zu öffnende Lüftung garantiert ausreichenden Luftaustausch im Sommer und kommt auch während des Winters zum Einsatz.

Ein Verfrühen der Kamelienblüte wird bei +12 °C Wintertemperatur erzielt. Absolut ausreichend für Kamelien ist jedoch »Frostfreihalten« während der Wintermonate (lediglich subtropische Arten brauchen Wintertemperaturen von +12 °C). Da das vegetative Wachstum von Kamelien vor allem im Langtag bei 13 Lichtstunden stattfindet, ist der Heizungsaufwand über das Jahr gesehen relativ gering. Licht und vor allem Temperaturen ab +15 °C lassen das vegetative Wachstum starten. Zur Blütenknospenausbildung sind optimal +24 °C notwendig – im Langtag. Die Nachttemperaturen sollten in dieser Entwicklungsphase +15 °C nicht unterschreiten. Je nach Sorte oder Art ist das vegetative Wachstum mit der Blütenknospenbildung bis Ende Juli abgeschlossen. Findet der Hochsommer mit geringer Luftfeuchte und weniger Niederschlag statt, darf man eine optimale Ausreife von Blütenknospen und der gesamten Pflanze erwarten.

Klimatische Anforderungen

Kamelienstandort Deutschland

Das Klima in Deutschland ist, über das gesamte Jahr betrachtet, für einen dauerhaften Freilandstandort von Kamelien weder ideal noch völlig ungeeignet. Ob die Wahrheit in der Mitte liegt, vermag auch eine detaillierte und aktuelle (falls es sie denn gäbe) Klima-Karte unserer Region nicht mit Sicherheit zu klären. Und selbst wenn sich sämtliche Daten solcher Karten auf jahrelange Durchschnitts-Wintertemperaturen stützen, bleiben lokale höhere oder niedrigere Werte immer unberücksichtigt.

So bringt das für Kamelien günstige Kleinklima städtischer Bebauung, von Flussniederungen, Gewässer- oder Meeresnähe, schützender Wälder oder die Nachbarschaft Wärme erzeugender Industrieanlagen diese Pflanzen mit Sicherheit besser durch den Winter, als es raue Berglagen, Früh- oder Spätfrost-»Löcher« oder schlicht Gegenden könnten, wo ohne Schneelagen mit jährlich wiederkehrenden Minustemperaturen von −25 °C zu rechnen ist. Gäbe es bei uns längere und heißere Sommer, in denen die Kamelien optimal ausreifen könnten, würden freilich selbst Winterfröste von −30 °C schadlos verkraftet werden. Nordamerikas Ostküste unterhalb von New York hat sich mit einer derartigen Klimasituation als günstiger Kamelienstandort erwiesen.

Seit Jahrzehnten trotzen Wingster Kamelien in Bergen, Norwegen, im schwedischen Malmö, aber auch am ungarischen Plattensee und in der österreichischen Steiermark den dortigen Wintern, um alljährlich erneut Frühjahrs-Blütenpracht zu bieten. Und die bekannte Frankfurter Buchautorin und Kamelienliebhaberin Marianne Beuchert drückte die Problematik sinngemäß einmal so aus: »Warum sollte ich neun Jahre auf die Blüten der wundervollen Kamelie im eigenen Garten verzichten, wenn sie doch erst im zehnten vom Winter dahingerafft wird?«

Seit über 40 Jahren bietet 'Masayoshi' alljährlich im April ihre zuverlässige üppige Blüte in Wingst. Ihr Blütenreichtum am absonnigen Standort ist bezaubernd.

Bodenqualität

Im natürlichen Verbreitungsgebiet aller Kamelien sind zumindest die Oberbodenverhältnisse fast identisch: Es ist eine »waldgemäße«, humusreiche, luftigdurchlässige und wenig zersetzte, mehr oder minder dünne Schicht, unter der sich sehr schwere Mineralböden, oft meterdicke Lössbödenschichten, befinden, deren pH-Wert sich durchweg im neutralen Bereich um 7 herum bewegt. An Orten mit Erosionsschäden sind Kamelienwurzelungstiefen von mehr als 3 m nachzuweisen. Bei den ebenfalls hier wachsenden Rhododendren findet man mit Kamelien übereinstimmende Anforderungen hinsichtlich Boden und Durchwurzelung.

Zusammensetzung und pH-Wert

Uns hilft diese Erkenntnis aus der Kamelien- und Rhododendrenheimat insofern, als dass für beide Pflanzgattungen praktisch identische Bodenverhältnisse anzustreben sind. Pflanzenbauwissenschaftler haben für die Praxis ideale Wurzelungsmedien empfohlen, die sich inzwischen über viele Jahrzehnte hinweg bewährt haben.

So ist die **Struktur des Bodens** für Kamelien relativ unbedeutend, sofern ein Verhältnis von 50 % festen Teilen, 25 % Luft und 25 % Wasser erreicht werden kann.

In der Regel ergibt sich dabei ein Ideal-pH-Wert von 5,5. Diesen pH-Wert gilt es möglichst konstant zu halten – für ausgepflanzte ebenso wie für im Topf oder Kübel gehaltene Kamelien. Häufig ergibt **Rhodohum,** zu 50 % mit gewachsenem Gartenboden vermischt, ein ideales Kameliensubstrat. **Weißtorf** in Hälftigkeit mit anstehendem Gartenboden kann gleichermaßen erfolgreich sein. Eigener zersetzter **Gartenkompost** sollte bestenfalls zu einem Drittel in der Kamelien-Erdmischung vertreten sein. Ein hoher Torfanteil im Topfsubstrat führt zum gefahrvollen Absinken des pH-Wertes, was trotz großer Toleranz der Kamelien vermieden werden sollte.

Auf Dauer ist eine optimale Entwicklung von Kamelien weder in zu sauren und damit pH-Wertniedrigen Bereichen noch in alkalischen Bodenverhältnissen möglich. Wer trotz Bemühungen

Nicht alleine Farben, sondern auch Wuchseigenschaften sollten bei Kamelien in Gartenvergesellschaftungen beachtet werden, wie hier 'Grand Prix' mit Rhododendron.

und Erprobungen mit Rhododendron gescheitert ist, wird wegen vermutlich ungeeigneter Bodenverhältnisse mit Kamelien einen ähnlichen Misserfolg erleben. Für diesen Fall bleibt die Kamelienhaltung im Topf oder Kübel eine akzeptable Alternative.

Kamelien auf alkalischem Boden

Wird bei alkalischem Boden eine Kamelienpflanzung im Garten vorgesehen, kann dieses nur mit aufwändigem Bodenaustausch geschehen. Dabei gilt es, den alkalischen Untergrund wirksam von dem für Kamelien geeigneten Pflanzbett zu isolieren. Andernfalls wird nach einer gewissen Zeit durch natürliche Bodenkapillarität ein zunächst ideales Substrat allmählich pflanzenwurzelschädigend alkalisch.

Konstruierte **Hochbeete** mit Foliengrundabdeckungen bieten hier dauerhafte Kamelien-Gartenstandorte, sofern ein zu schnelles winterliches Durchfrieren verhindert wird. Beispielsweise kann das herabgefallene Herbstlaub des Gartens in 30 cm dicker Lage um das gesamte Hochbeet herum ausreichend vor Durchfrierung schützen.

Kamelien richtig pflanzen

In das vorbereitete Pflanzloch von etwa 40 cm Umfang und Tiefe gibt man ein Gemisch aus reifem Kompost und Weißtorf – Rhodohum ist ebenfalls geeignet –, in das die Kamelie mittig aufrecht gerade so tief gesetzt wird, dass die Topfballenoberseite nach festem Antreten mit der neuen Wurzelbettoberkante abschließt.

Ein durchdringendes Wässern beschließt die Pflanzarbeit. Da nur eingewurzelte Kamelien im Garten sicher überwintern, sollte die Pflanzung bis zum August, dem Ende der Kamelien-Vegetationszeit, vollzogen sein. Sobald im zeitigen Frühjahr der Frost aus dem Boden ist, kann mit der vorgesehenen Kamelienpflanzung begonnen werden. Neben der geeigneten und erprobten Sorte (siehe Kamelienporträts) ist das Mindestlebensalter von vier Jahren – bzw. die Mindeststammstärke bleistiftdick – wichtigste Voraussetzung für Kamelienerfolg im Garten. Mit einem Jahreszuwachs von etwa 10 cm lässt sich ein zukunftsträchtiger Gartenraum ermitteln, so dass nach Jahren keine Raumnot herrscht.

Die angemessene Aushubgröße der Pflanzgrube bestimmt der Wurzelballen der Kamelie.

Reichliches Wässern nach dem Verfüllen des vorbereiteten Substrates um den Wurzelballen...

...und unmittelbare Mulchauflage schließen die Kamelien-Neupflanzung perfekt ab.

Gießen und Düngen

In der Natur wie auch ausgepflanzt im Garten können Kamelien ihren Wasserbedarf, sofern die Voraussetzungen stimmen, allein über natürliche Niederschläge decken und lassen sich insofern wie Rhododendren ohne Pflegeaufwand halten. Kalkarme Bodenverhältnisse sind für Kamelien-Erfolg gleichermaßen Bedingung wie kalkarmes Gießwasser. Bis 10° d.H. eines Gießwassers werden von Kamelien toleriert.

Sehr weiches Wasser kann bei Kamelien im Topf bei notwendig häufigem Wässern zum Absenken des pH-Wertes führen.

Häufig ist in Gegenden mit stark alkalischen Böden auch das verfügbare Gießwasser sehr hart, d.h. kalkhaltig. Um dennoch zum Erfolg zu kommen, sollte Regenwasser zum Gießen verwendet oder zumindest mit Leitungswasser gemischt werden. Vorsicht bei chemisch enthärtetem Wasser: Hier können bei der Enthärtung für Kamelien wichtige Mineralien entzogen werden, so dass es zu einer allmählichen Mangelversorgung der Pflanze kommt.

Um mögliche Nährstoff-Versorgungsschäden zu vermeiden, empfehlen sich in der Sommerzeit pH-Wert-Kontrollen des Substrats. Der ideale pH-Wert von 5,5 kann gewisse Abweichungen nach oben wie nach unten tolerieren, das heißt, bei kurzfristigen und geringen Schwankungen braucht man keine Schäden zu befürchten.

Gießen – mäßig, aber regelmäßig

Der Pflegeaufwand für Kamelien kann ohne weiteres mit dem von Rhododendren verglichen werden. Auch hier ist der Liebhaber bestenfalls in Wachstumsphasen etwas gefordert und muss dann mit kleinen wachstumsunterstützenden Maßnahmen wie beispielsweise Gießen helfen.

Unter regelmäßigem Gießen ist für Kamelien zu verstehen: sobald die Erdoberfläche im Topf oder auch im Freiland trocken erscheint, sollte nachgegossen werden. Die Blütezeit, die Wachstumszeit bis Sommerende, erfordert die meiste Aufmerksamkeit. Hier gilt: Häufige geringe Wassergaben sind immer besser als seltenere, aber starke Wässerung. Vom so genannten Tauchen sollte gänzlich abgesehen werden. Irreparable Wurzelschäden könnten dabei ausgelöst werden. Kurzfristig leicht angewelktes Kamelienlaub und sogar Blüten erholen sich durch Nachwässern sehr schnell und ohne bleibende Schäden.

Die nötige Luftfeuchte

Die Luftfeuchtigkeits-Bedürfnisse von Kamelien können im Garten unberücksichtigt bleiben, wenn in sonnigen dauerfrostigen Winterzeiten für ausreichend Schatten gesorgt ist. Kamelienüberwinterung in Innenräumen lässt sich nur ohne Folgeschäden sichern, wenn diese Räume konstant über 60 % Luftfeuchte halten. Sofern die Raumtemperatur nie über +12 °C steigt, wird allerdings jede anstehende Luftfeuchtigkeit toleriert. Ein Besprühen der Kamelien bringt bei höherer Innenraumtemperatur keinen anhaltenden Erfolg zur Sicherung notwendiger Luftfeuchte.

Nährstoffversorgung

Obwohl die salzempfindliche Kamelie keinen großen Nährstoffbedarf hat, hat optimale Nährstoffversorgung doch großen Einfluss auf Wachstum, Blü-

Gießen und Düngen

tenbildung und Winterresistenz. Die Düngung von Kamelien kann keine Wunder bewirken. Ohne sie können sich jedoch Mängel einstellen. Justus von Liebig drückte 1850 im so genannten Minimum-Gesetz richtig aus, dass alle Pflanzen nur so gut wachsen können, wie es ihnen der Faktor erlaubt, der im Minimum vorhanden ist: Alle Wachstumsfaktoren wie Licht, Luft, Wasser und Nährstoffe sind dabei mit eingeschlossen. Nur wenn sie günstig zusammenwirken, kann optimales Wachstum gewährleistet sein.

Bei Kamelien diktiert das oberirdisch erkennbare Wachstum die Düngezeiten. Sobald die Blüte beendet ist, sich Triebspitzen strecken und hellgrüne weiche Blättchen entrollen, können die Pflanzen Nährstoffe aufnehmen.

Von den Hauptnährstoffen hat **Stickstoff** bei Kamelien die größte Bedeutung. Mangel äußert sich in schwachen Trieben, kleinem, blass gefärbtem Laub und dürftigem Blütenknospenansatz. Stickstoffüberversorgung dagegen fördert starkes Durchwachsen ohne Blütenknospenbildung. Eine Winterausreife ist nicht gewährleistet, die spätere Blütenhaltbarkeit und deren Substanz sind nur gering.

Das **ideale Nährstoffverhältnis** der Hauptnährstoffe N (Stickstoff), P (Phosphor) und K (Kalium) liegt bei 3:1:2. Die Industrie hält entsprechende Düngemittel bereit, die die notwendige Palette aller Spurenelemente enthalten. Hakaphos grün (20+5+10) und Flory 1 Mega (24+6+12) stabilisieren durch hohen Nitratanteil gleichzeitig den pH-Wert.

Düngen in der Praxis

Die Praxis der Düngung sieht während der Wachstumsphase bis einschließlich Juli eine wöchentliche Gabe von 2 ‰ vor, im Gießwasser gelöst.

Hornspäne sollten als Kameliendünger vermieden werden. Ihre unkontrollierbar lange Wirkungsdauer kann Schäden verursachen

Eine **Grunddüngung** des Kameliensubstrats ist nur vorzunehmen, wenn innerhalb der genannten Wachstumperiode eine Verpflanzung stattfindet. Pro 50 l Pflanzerde werden 100 g eines 3–4-Monats-Volldüngers mit Spurenelementen wie Osmocote Exact oder Plantacote Mix 4M beigemischt.

Kamelienneupflanzungen im Garten bleiben im ersten Jahr

Die ideale Mulchschicht aus abgelagertem Stallmist besteht unmittelbar am Stamm der Kamelie aus luftigem Stroh oder ähnlich durchlässigem Material.

27

wegen besserer Einwurzelung ungedüngt. Anschließend kann mit genannten Volldüngern jährlich versorgt werden. Jeder Rhododendrondünger kann ebenfalls verwendet werden. Die Kamelie im Topf wird ab Blütezeitende bzw. ab Neutriebbeginn 1-mal wöchentlich bis Ende Juli gedüngt (siehe Seite 27). Frisch gepflanzte oder getopfte Kamelien sind von jeder Düngung auszunehmen.

Mulchen – Bodenpflege und Düngung zugleich

Im Allgemeinen versteht man unter dem Begriff »Mulchen« das Abdecken der Erdoberfläche mit organischen Materialien wie Laub oder schwach zersetztem Kompost sowie Stallmist. In der freien Natur bietet der natürliche Waldboden das ideale Medium. In unseren angelegten Gärten bewähren sich 20 cm dicke Mulchabdeckungen aus verrottetem Material, z.B. ein Jahr abgelagertem Rinder- oder Pferde-Stalldung, sehr erfolgreich. Allzeit ausreichende Bodenfeuchte, optimale Nährstoffversorgung und überdies Schutz vor schnellem Einfrieren und Auftauen sind dadurch gewährleistet. Wird diese Mulchschicht alljährlich kurz vor Winterbeginn auf 20 cm Höhe ergänzt, ist damit der allergrößte und wichtige Pflegeaufwand für Gartenkamelien getan.

Winterschutz für Freilandkamelien

Schon bei der Pflanzung ist ein Gartenstandort zu wählen, den keine Wintermorgensonne erreicht. Ein andernfalls zu schnelles Auftauen der Pflanze nach harten Frostnächten verursacht nämlich gravierende Blattschäden. Kamelien an sonnigen Standorten im Freiland erhalten deshalb zwischen Ende Dezember und Ende Februar eine luftige Sonnenabschirmung, die gleichzeitig die austrocknenden Winterwinde abhält.

Zusammen mit einer ca. 20 cm dicken Mulchschicht aus organischen Materialien wie Laub, Torf oder Kompost großzügig um jede Pflanze gelegt, sind damit sämtliche notwendigen Winterschutzmaßnahmen für Gartenkamelien erfüllt. Diese Abdeckung aus verrottetem Mist macht auch zusätzliche Düngung dieser Pflanzen überflüssig.

Zugegeben, die Kamelie im Topf oder Kübel ist immer pflegeaufwändiger als die dauerhaft im Garten ausgepflanzte. Und auch die winterharte Kameliensorte kann im Topf nur dann im Freiland verbleiben, wenn gesichert ist, dass der Wurzelbereich nicht vollständig durchfriert – auch

Wintereinbruch nach Blütenbeginn löst an Kamelien kaum Schäden aus, sofern jeglicher Sonnenschein während dieser Phase verhindert werden kann.

Erfolgreich überwintern

ein Einpacken des Topfes mit isolierenden Materialien kann bei langen Frostperioden den möglichen Verlust der Kamelie nicht immer verhindern.
Wie alle immergrünen Pflanzen verdunsten Kamelien besonders in Frostzeiten mit Sonnenschein viel Feuchtigkeit. Sobald der Boden jedoch durchgefroren ist, kann keine Pflanze die fehlende Feuchtigkeit mehr nachschaffen. Jedes noch so gut gemeinte Gießen bleibt erfolglos. Das so genannte Erfrieren von Kamelien ist folglich in erster Linie ein Vertrocknen.

Kübelpflanzen erfolgreich überwintern

Wer Kamelien in Töpfen sicher überwintern will und keinen Wintergarten besitzt, sollte seine Pflanzen spätestens Ende Dezember in einen kalten Keller oder die Garage räumen. Steigt dort die Überwinterungstemperatur nicht über +10 °C, kann die Pflanze in dieser absoluten Winterruhe auch dunkel stehen. Anfang März ist der sichere Zeitpunkt zum Ausräumen. Ein allmähliches Gewöhnen über zunächst schattige Plätze zu nach und nach mehr Licht ist ratsam.

Zauberhaft verschneite Kamelien mahnen zur Wachsamkeit. Bevor die Schneelast Pflanzen zerbricht, die weiße Pracht behutsam abschütteln.

In jedem Fall wird die Blütezeit einer so überwinterten Kamelie erst beginnen, wenn die Pflanze wieder im Freien steht. Andernfalls werden Kamelien im Garten nach dem ersten Standjahr im März jährlich mit Depotdünger (3–4-Monatsdünger) einmalig versorgt, wie bei Rhododendren bekannt.

Neuer Topf für neues Wachstum

Ein Umtopfen ist alle zwei Jahre notwendig. Nur bei großen Pflanzen in 20-l-Gefäßen oder größeren Gefäßen kann jeweils fünf Jahre gewartet werden. Ein neues Gefäß, gleich aus welchem Material, muss gute

Kamelien richtig pflanzen und pflegen

Gesund sind die sichtbaren weißen Kamelienwurzeln allemal. Der kleinere linke Topfballen darf mindestens ein Jahr warten, wogegen der stark durchwurzelte rechte unmittelbar einen größeren Topf erhalten sollte.

Kamelien schneiden

Rückschnitt nur im Ausnahmefall

Nur in gärtnerischer Anzucht werden Kamelien in ihren ersten Lebensjahren gestutzt. Dieses Schneiden verhilft zu schnellerer Verzweigtheit, aber auch zu geringeren Jahreszuwächsen. Grundsätzlich sollten Kamelien nicht geschnitten werden. Wie auch bei Rhododendren geht jeder Schnitt immer auf Kosten von Blütenknospen für das Folgejahr. Wird ein Schneiden aus Platzgründen, zur Wuchsformkorrektur oder auch aus anderen Gründen notwendig, ist der geeignetste Zeitpunkt hierfür das Ende der Blütezeit, bevor das Wachstum von neuen Trieben einsetzt.

Um nach dem Schnitt optimale Verzweigung zu erreichen, müssen zwei bis drei Blätter am geschnittenen Trieb verbleiben, aus deren Achseln ein Neutrieb wachsen kann. Einige Kameliensorten neigen nach wechselhaftem Sommerverlauf zu einem zweiten Jahrestrieb. Diese Austriebe bilden kaum Blütenknospen und sollten bei Erscheinen sofort entfernt werden. Der Pflanzenhabitus bleibt ohne zweiten Jahrestrieb besser.

Wasserabzugsmöglichkeit bieten, um Staunässe auszuschließen. Der Durchmesser des neuen Topfes sollte nur ca. 5 cm größer sein als der vorherige. Zu groß gewählte Töpfe bewirken häufig unbefriedigenden Blütenknospenansatz.

Die Regenerationsfähigkeit gesund wurzelnder Kamelien ist enorm: Nahezu bodentiefes Zurückschneiden armdicker Äste kann in der folgenden Vegetationsperiode vielfache bis meterlange Neutriebe erbringen.

Umtopfen findet idealerweise in der Vegetationszeit zwischen Mai und Juli statt. Geeignete Pflanzsubstrate sind schwach gedüngte saure humusreiche Erden mit pH-Wert 5,5, Azaleen- oder Rhododendronerden, Einheitserden P oder Torfkultursubstrate (TKS1). Kamelienerden lassen sich in kalkarmen Gebieten aus einem Gemisch von $1/3$ gewachsenem Gartenboden, $1/3$ Weißtorf und $1/3$ abgelagertem Kompost selbst herstellen. Wird in Zeiten außerhalb der oben genannten verpflanzt, lässt sich dieses nur mit absolut ungedüngten Substraten machen.

Kamelien schneiden

Gartenkamelien bleiben vom Schnitt ausgenommen.

Knospenbildung

Der Abschluss jährlichen Kamelienwachstums ist deutlich erkennbar. Die Terminalknospe an den Triebenden beginnt sich zu teilen. Dies ist der Zeitpunkt der Blütenknospenanlage. Innerhalb weniger Wochen beginnen rundliche Knospen zu schwellen. Einige Sorten neigen zur Blütenknospenbildung sogar in Blattachsen unterhalb jeweiliger Triebspitzen.

Weniger Knospen – mehr Blütenqualität

Sobald die Blütenknospen auf Erbsengröße herangewachsen sind, lässt sich ermessen, ob ein eventuell übermäßiger Knospenbesatz nicht besser dezimiert wird. Dauernd im Freiland befindliche Kamelien können von derartigen Überlegungen unberücksichtigt bleiben, da unter natürlichen Garten- und Witterungsbedingungen keine Manipulation Wirkung zeigt. Pflanzen in Töpfen oder Kübeln, die ihre Blütezeit nicht im Freiland haben, gewinnen indes enorm an Einzelblumenqualität, wenn die überzähligen »fassbaren« erbsengroßen Knospen rechtzeitig mit behutsam leichtem Dreh ausgelichtet werden. Maximal drei Knospen verbleiben am Endtrieb und höchstens eine Knospe pro Blattachse. Hat ein Blütenknospenstadium die Erbsengröße erheblich überschritten, kann nicht mehr mit Einzelblüten-Qualitätsverbesserung gerechnet werden. In der Praxis bedeutet dies: Jegliches Knospendezimieren muss bis Mitte August getan sein, sofern Einzelblütenverbesserung beabsichtigt ist.

Das Vermindern überzähliger Blütenknospen erfordert beide Hände, um Schäden am Triebende auszuschließen.

Frühlingshafte Farbakzente von Primeln im Untergrund steigern die bezaubernde Wirkung einer üppigen Miniaturblüte der 'Bob's Tinsie'.

Kamelien selbst vermehren

Die Freude an Kamelien erfährt eine Steigerung in der Vervielfältigung der eigenen edlen Schätze.
Tatsächlich gibt es eine Vielzahl praktikabler Vermehrungsmethoden, die bei entsprechendem Know-how und Geduld zu ansehnlichen Ergebnissen führen können.

Stecklinge

Mit Abstand am häufigsten werden Kamelien über Stecklinge vermehrt. Der optimale Zeitpunkt zur Gewinnung der Stecklinge ist August. Zu dieser Zeit ist das jährliche Triebwachstum der Kamelien beendet, und alle Blütenknospen lassen sich deutlich erkennen.
Der geeignete Kopfsteckling darf keine Blütenknospen enthalten und sollte nur halb verholzt sein. Hell olivbraune Farbe signalisiert am Holz der äußersten 15 cm Triebenden die Stecklingsreife. Mit einer Gartenschere werden diese Triebe zunächst gekappt. Der Stecklingsschnitt wird mit scharfem Messer so geführt, dass eine schräge, bis 2 cm lange Schnittfläche entsteht. Idealerweise verbleibt auf der Rückseite dieser Schnittfläche eine Blattachselknospe, während das Blatt selbst für ein besseres Stecken abgetrennt wird.
Das Triebende mit 2 ausgewachsenen Blättern ist fertig für das Vermehrungsbeet, sobald die Schnittfläche nun hauchfein mit Bewurzelungshormon bestäubt ist (z.B. Rhizopon AA). Das Vermehrungssubstrat besteht aus einem sterilen Weißtorf-Sand-Gemisch (2:1). Drainage und Durchlüftung bleiben hier äußerst stabil, und der anstehende Hu-

Alles für die Stecklingsvermehrung ist hygienisch vorbereitet (links oben), der optimale Schnitt (links), das folienumhüllte Behältnis (Mitte) und Stecklinge am 1.Tag, nach 5 Wochen und nach 4 Monaten gut bewurzelt (rechts).

Kamelien selbst vermehren

Unterlage und Reis verwachsen bei passgenauem Schnitt ideal, sofern die Verbindung vorerst fixiert wird.

In die gespaltene Unterlage fügt sich das keilförmige geschnittene Reis exakt ein. Bis zum Verwachsen stützt die Klammer.

minsäurespiegel fördert ein Bewurzeln. Nach dem Anfeuchten wird Huminsäure freigesetzt. Je nach Menge der Stecklinge werden sterile Töpfe oder Schalen mit einer 10 cm dicken Schicht des Substrats fest angedrückt aufgefüllt. Das Stecken in das vorbereitete Gefäß sollte nicht zu dicht erfolgen, damit es beim Vereinzeln nicht zum Verlust der brüchigen neuen Wurzeln kommt. Eine gewisse »Tuchfühlung« ist jedoch für Stecklinge sinnvoll.
Bei +25 °C Bodentemperatur kann am schnellsten mit Bewurzelung gerechnet werden. Zwischen 8 Wochen im Idealfall und bis zu einem halben Jahr im ungünstigen Fall liegt die Bewurzelungsdauer von Kamelienstecklingen.

Nach kurzem Überbrausen werden alle Stecklinge zunächst ständig beschattet unter dünner Folienabdeckung gehalten, die direkt auf den Stecklingen liegen darf. Bei wöchentlichen Kontrollen jegliche Faulstellen gewissenhaft entfernen. Sind die Stecklinge bewurzelt, wird die Folie entfernt und die Temperatur auf +15 °C gesenkt.
Nach ca. 5 Monaten setzt man die bewurzelten Jungpflanzen einzeln mit entsprechendem Substrat (siehe Seite 30) in Töpfe mit 8 cm Durchmesser. Ein weiteres Verpflanzen erfolgt nach einem Jahr.

Veredeln

Das Veredeln von Kamelien wird heutzutage nur noch in wenigen Fällen praktiziert. Voraussetzung sind immer geeignete Unterlagen. Diese können 1-jährige Sämlinge sein oder ebenso große bewurzelte Stecklinge. Bei späterer Gartenpflanzung sollten nur erprobte Sorten (winterhart) verwendet werden. Jede nur denkbare Veredlungsmethode, sogar **Okulation,** ist bei Kamelien anwendbar, sofern sich die Unterlage noch nicht in der Vegetationszeit befindet. Im besonderen Fall lassen sich auch alte, bis armdicke Unterlagen verwenden, an deren Abschnitten sogar drei oder vier Edelreiser Platz finden, die im äußeren Rindenbereich so sauber eingefügt werden, dass das Kambium der Unterlage mit dem Kambium des Reises Verbindungen erhält. Baumwachs sollte nur als

Wundverschluss verwendet werden, wenn die Veredlung nicht mittels Folie (wie bei Stecklingen) für Freiluftabschluss und Schatten sorgt. Luftfeuchte von 80 Prozent und Temperaturen über +20 °C sorgen für schnelles Zusammenwachsen. Jedes Edelreis sollte gleiche Beschaffenheit haben wie gute Stecklinge. Für Kameliensorten sowie alle Reticulatas, die als Stecklinge schwer zu bewurzeln sind, bietet die Veredlung die höchste Anwachsrate. Sind Edelreis und Unterlage gleich stark im Holz, ist mit identisch lang gezogenem Schrägschnitt eine ideale Verbindung herzustellen. Baumwollfaden oder eine kleine Klammer halten die Verbindung. Bei der Veredlungsart »seitliches Anplatten« sollte die Unterlage immer stärker sein als das Reis. Das Fixieren jeglicher Veredlung erhöht die Anwachschancen. Immer sollte so viel Kambium wie möglich von Unterlage und Edelreis durch entsprechende Schnitttechnik zusammengeführt werden – auch damit zukünftig Veredlungsstellen nicht zu Sollbruchstellen werden. Nach ca. 6 Wochen sind Veredlungen von Kamelien in der Regel angewachsen.

Abmoosen

Kamelien durch Abmoosen zu vermehren erfordert besonders viel Geduld, wenn diese Vermehrungsmethode im Freiland durchgeführt wird. Bleistiftstarke Triebe mit darüber befindlicher beblätterter Verzweigung werden auf einem ca. 4 cm langen Stück entrindet. Anschließend wird mit weicher Schlauchfolie eine Hand voll feuchter Weißtorf großzügig um die Triebverletzung ober- und unterhalb eingebunden. Als zusätzlicher Verdunstungsschutz empfiehlt sich eine Umhüllung mit Alufolie. Der erfolgreichste Zeitpunkt zum Abmoosen liegt in der Vegetationszeit Anfang Juni. Die dauerhafte Feuchtigkeit des Torfes sollte kontrolliert werden. Nach erkennbarer Wurzelbildung – im Freiland nach einem Jahr, unter Glas frühestens im November – kann die eigenständige neue Kamelie von der Mutterpflanze abgeschnitten werden. Das Foliensäckchen wird dann durch einen Topf mit zusätzlicher Kamelienerde ersetzt. Eine frostfreie Überwinterung der gewonnenen Jungpflanze ist selbstverständlich.

Als Schmuck etwas eigenwillig, jedoch als Kamelienvermehrungsmöglichkeit durchaus praktikabel ist diese von Alufolie umhüllte Abmoosungsstelle.

Kamelien selbst vermehren

Absenker

Absenker, als Vervielfältigungsmethode vom Rhododendron bekannt, können gleichermaßen bei Kamelien zu Nachwuchs führen. Auch hierbei ist im Freiland bei uns viel Geduld vonnöten. Nur selten kann schon nach 1 Jahr vom Bewurzelungserfolg ausgegangen werden.
Brauchbare Absenker befinden sich praktischerweise in Bodennähe. Behutsam biegt man geeignete Äste mit etwa Bleistiftstärke zum Grund unmittelbar neben der Stammpflanze, ohne es zum Anbrechen des Zweiges kommen zu lassen. Die zum Boden weisende Seite des Zweiges wird jetzt auf eine Strecke von ca. 5 cm deutlich in der Rinde verletzt und anschließend am Boden, der an dieser Stelle mit feuchtem Torf vorbereitet wurde, fixiert. Starre Drahtbügel oder Holzpflöcke müssen so angebracht werden, dass eine konstante Bodenhaftung des Zweiges gewährleistet bleibt. Eine Torfabdeckung, die auch zukünftig feucht gehalten wird, unterstützt eine Bewurzelung an dieser Stelle. Mindestens 6 Monate sind nötig, um eine ausreichende Bewurzelung zu gewinnen. Zwischenzeitliche Kontrollen müssen äußerst behutsam mit gefühlvollen Fingern durchgeführt werden, da neu gebildete Kamelienwurzeln brüchiger als Glas sind.
Erst bei ausreichend gebildeter Bewurzelung wird der Ast der Stammpflanze von der neu bewurzelten Teilpflanze getrennt. Dieses jetzt selbständige Kamelienastende setzt man in einen dem Wurzelteil entsprechend großen Topf mit Kamelienerde.

Aussaat

Viel Geduld wird erforderlich, wenn man Kamelien über Aussaat vermehrt, denn die ersten Blüten zeigen sich erst nach Jahren. Im frühesten Fall kann dies nach 3 Jahren geschehen, häufiger muss man 10 Jahre lang warten, bevor das »Unikat« endlich seine erste Blüte zeigt!
Bis auf vollständig gefüllte sterile Kamelienblumen kann von allen Blüten Fruchtbildung erwartet werden. Weil Kamelien zu den ältesten Blütenpflanzen der Welt gehören, sind ihre Blumen höchst einfach angelegt. Diese Tatsache hat auch weltweite Züchtungsarbeit mit dieser Pflanze nicht verändert.
Um nach vollzogener Blüte Frucht anzusetzen, bedarf es keiner besonderen Eingriffe.

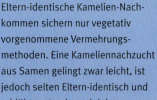

Eltern-identische Kamelien-Nachkommen sichern nur vegetativ vorgenommene Vermehrungsmethoden. Eine Kameliennachzucht aus Samen gelingt zwar leicht, ist jedoch selten Eltern-identisch und erblüht erstmals nach Jahren.

Blumen können sich selbst befruchten, oder aber fremder Pollen wird von Wind, Insekten oder Vögeln – in der Kamelienheimat sind es oft Kolibris – auf die Blüten getragen.
Dass der Fruchtansatz bei uns selten reichlich ausfällt, liegt vor allem an den klimatisch ungünstigeren Bedingungen, die zudem eine spätere Fruchtausbildung bedingen und die Reife erschweren.
Zweifelsohne schmücken ausgebildete Früchte die Kamelie. Vorzeitiges Entfernen derselben bringt keinen Vorteil, da Fruchtbesatz keineswegs die Pflanze schwächt.
Die Größe der ausgewachsenen Fruchtkapsel, ihre Form und Ausfärbung sind variabel. Von kirschen- bis apfelgroß ist alles möglich. Das Spektrum der Oberflächenbeschaffenheit reicht von samtig behaart bis hochglänzend bei allen *Camellia*

japonica-Sorten. Aus rot blühenden Sorten entwickeln sich rötliche Früchte, gestreifte Blüten bilden rot-grün-gestreifte, weiß blühende Kamelien hellgrüne Früchte aus.

Besonders einfach blühende Kamelien zeigen nach ihrer Blüte im Sommer reichen Fruchtschmuck. Die anfänglich stets grünen kleinen »Äpfelchen« enthalten bis zu 6 Saatkerne, die bis zum Spätherbst reifen und schokoladenbraun aus der sich weit öffnenden Kapsel fallen. Diese auch als Mäusefutter beliebten ölhaltigen, etwa 2 cm großen harten Kerne sollten immer sofort einzeln in 8-cm-

Kameliensamen mir ihren geöffneten und verholzten Kapseln.

Von ganz alleine öffnen sich im Herbst die kleinen »Äpfelchen«, um ihre reife braune Kameliensaat zu entlassen.

Töpfe mit feuchtem Torf gelangen. Torf bedeckt die Saat vollständig.

Bei Temperaturen über +20 °C und konstant feuchtem Torf ist eine Keimung schon nach 3 Wochen möglich. Um »taube« Saat von vornherein auszuschließen, empfiehlt sich ein Drei-Stunden-Test im Wasserbad: Saatkerne, die nach dieser Zeit noch auf dem Wasser schwimmen, sind nicht keimfähig.

Das Umtopfen des Sämlings in Kamelienerde geschieht in der nächsten Vegetationsperiode.

Schäden erkennen und vermeiden

Schäden erkennen und vermeiden

Krankheiten

Die überwiegend harten ledrigen Blätter von Kamelien lassen kaum Schädigungen zu. Doch bei aller Robustheit sollten auch diese Pflanzen besonders während der Vegetationszeit nicht völlig unbeachtet bleiben.

Die **Kamelien-Blütenfäule** wird durch den Pilz *Ciborina camelliae* verursacht. Diese erst seit wenigen Jahren in ganz Europa auftretende Krankheit macht sich ab Frühjahr an geöffneten Kamelienblüten mit zunächst kleinen dunklen Flecken auf den Blütenblättern bemerkbar. Diese faulenden Flecken wachsen bei höher werdenden Temperaturen so rasant, dass sie das gesamte Blütenblattzentrum erfassen und ein natürliches Verblühen der Kamelie nicht mehr stattfinden kann. An betroffenen Blumen bilden sich neue Pilzsporen, die über Bodenkontakt als Sklerotien sehr lange leben können, um im Folgejahr – oder viel später – als Apothezien (Sporen) tausendfach über die Luft verbreitet erneut Blüten zu befallen. Dieser besondere Lebenszyklus macht eine endgültige Zerstörung des Pilzes bis heute unmöglich. Blütenblattverträgliche Pilzmittel können das Schadbild gering halten. Jede befallene Blüte sollte gewissenhaft entsorgt werden, bevor sie zu Boden fällt. Auch totale Folien-Grundabdeckungen können das Wachsen der Sklerotien verhindern.

Der **Grauschimmelpilz** *Botrytis cinerea* schädigt weiche Triebspitzen, Blütenknospen und auch Blüten von Kamelien, die in Innenräumen gehalten werden.

Hohe Luftfeuchtigkeit fördert im Winterhalbjahr bei Temperaturen über +10 °C eine Ausbreitung des Pilzes: Die Knospenbasis verfärbt sich bis zum völligen Abstoßen der gesamten Knospe schwarz. Selten ist das tatsächliche typische Grauschimmel-Myzel zu erkennen, das bei herbstblühenden Kamelien jedoch sogar ihre Staubfäden überziehen kann. Starker Botrytisbefall kann sämtliche schlafende Vegetationsknospen absterben

Oben: Blüten-Vorder- und Rückseite ohne erkennbaren Blütenfäule-Befall.
Unten: Blütenvorderseite typisch zentral durch Blütenfäule zerstört.
Rechts unten: Silbergrauer Pilzsporen-Ring an befallener Blütenrückseite.

Kamelien richtig pflanzen und pflegen

Durch Triebsterben verursachte Welke zerstört nur selten die Kamelienbasis.

Rechts eine durch *Phytopthora* verstorbene Kamelie; der linke Topfballen mit nur noch braunen Saugwurzeln weist auf das gleiche Kamelienschicksal hin.

lassen. Eine vorbeugende Behandlung mit diversen Botrytismitteln in 14-tägigem Abstand kann Schäden verhindern. Auch sonnige, helle und luftige Standorte, die keine Tau- oder Tropfenbildung an der Pflanze im Winterhalbjahr zulassen, beugen Botrytisbefall vor.

Triebsterben an Kamelien wird von dem Pilz *Glomerella cingulata* ausgelöst. Überwiegend in der Vegetationszeit im Sommerhalbjahr bei Temperaturen über +15 °C beginnen plötzlich Triebe zu welken, während das Holz langsam dürr wird. Häufig lassen sich am Ausgangspunkt der Dürre (eventuell zuvor äußerlich verletzte Äste) krebsartige Wucherungen erkennen. Der Pilz gelangt aus der Luft an die Kamelie und zerstört letztlich alle Leitungsbahnen der Pflanze. Befallene Pflanzenteile muss man großzügig entfernen und entsorgen. Zur Vorbeugung Wunden oder Schnittstellen immer sofort mit Wundverschlussmitteln abdichten.

Eine Ausbreitung der **Blattfleckenkrankheiten** *Monochaeta camelliae* und *Phyllosticta camelliae* kann nur im Sommerhalbjahr bei höheren Temperaturen stattfinden. Erstere lässt sich durch silbrige runde Flecken mit braunem Zentrum auf der Blattoberseite erkennen, während *Phyllosticta* anfangs runde ockergelbe, später zu unregelmäßig geformten braunen Stellen anwachsende Schadstellen zeigt.

Beide Pilze sind Schwächeparasiten, die auch durch Stress in Klima und Feuchtigkeit ausgelöst werden können. Nordeuropäische Klimabedingungen machen ein Auftreten sehr selten. Alle Blattflecken-Mittel wie z. B. Dithane Ultra WG sind in der Bekämpfung wirksam.

Das **Wurzelsterben** bei Kamelien wird durch den Pilz *Phytophthora cinnamomi* verursacht. Dieser Gefäßbündelpilz tritt allerdings nur bei schlechter Belüftung und nassen Bodenverhältnissen auf. Kümmerwuchs und allmähliches Vergilben des Blattwerkes deuten auf einen Befall mit diesem Pilz hin. Bei betroffenen Pflanzen werden sämtliche sonst weißen Saugwurzeln braun und sterben ab.

Schäden erkennen und vermeiden

Topfkamelien sind selten zu retten. Pflanzen im Garten können sich bei Früherkennung der Schadsymptome durch Standortwechsel und Substrataustausch erholen. Wirksame Vorbeugung bieten strenge Boden- und Gießwasserhygiene sowie Bodenbehandlung mit Metalaxyl oder Fosetyl.

Schädlinge und Viren

Viruserkrankungen

Viren werden häufig von Läusen übertragen. Daher ist bei Viruserkrankungen unmittelbare Läusebekämpfung immer sinnvoll. Chlorotische unregelmäßige Blattflecken werden von einem Virus ausgelöst, der latent in vielen Kamelien schlummert. Diese so genannte **Gelbfleckigkeit** kann nicht verhindert werden. Betroffene Pflanzen werden von der Vermehrung ausgeschlossen. Stark betroffene Blätter sind sonnenbrandgefährdet. Ansonsten können Kamelien mit diesem optischen Makel gut leben.

Läuse, Milben & Co.

Schildläusebefall wird häufig erst durch eine Folgeerscheinung – Honigtaubildung auf der Blattoberseite – erkannt. An der Mittelrippe der Blattunterseiten, aber auch an Blattstielen und Trieben haften sehr fest gelbbräunliche Schildläuse, deren Saugtätigkeitsausscheidungen herabfallen und den klebrigen Honigtau bilden, aus dem durch Staubpartikel aus der Luft Rußtau wird. Mühsames Abwaschen betroffener Blätter schafft nur dann dauerhafte Abhilfe, wenn gleichzeitig die Schildläuse mit ihrer Brut unter ihrem Panzer vernichtet werden. Sommerölbehandlungen haben sich als sehr wirksam erwiesen: Paraffin- oder Rapsöle werden verdünnt tropfnass an Blattunterseiten gesprüht, sobald die Kamelienblätter im Sommer ausgereift sind. Bei starkem Schildlausbefall nach 14 Tagen Behandlung wiederholen.

Sackschildläuse sind an den gleichen Saugplätzen wie die übrigen Schildläuse anzutreffen. Ihr gelbbrauner Körper wird von einem wolligen fadenförmigen weißen Gespinst überragt, in dem sich die neue Brut befindet. Als erfolgreich haben sich dieselben Bekämpfungsmaßnahmen erwiesen wie bei allen anderen Schildläusen.

Blattläuse schädigen Kamelien besonders während der Vegetationszeit an jungen Trieben, Knospen und weichen Blättern. Die grünen und bräunlich schwarzen Läuse treten in ganzen Kolonien auf. Ihre Einstich- und Saugtätigkeit an unentwickelten Blättern führt zu sich auswachsenden starken Verkrüppelungen, und Ausscheidungen von Honigtau begünstigen Rußtau. Trockenheit und die Gesellschaft läuseanfälliger Pflanzen begünstigen das Auftreten von Läusen an Kamelien.

Mit dem hier gezeigten typischen Gelbfleckenvirus leben Kamelien nahezu problemlos.

Starker Ruß- und Honigtaubelag auf den Blattoberseiten, Sackschildlausbefall an den Blattunterseiten.

Kamelien richtig pflanzen und pflegen

Typischer Buchtenfraß-Schaden wird verursacht durch den gefurchten Dickmaulrüssler. Erkennbare massive Fraßspuren sind als Sekundärschäden zu deuten.

Kaum 1 cm in Original-Größe ist der lichtscheue Dickmaulrüssler, dessen Larven verheerende Wurzelschäden an Kamelien auslösen.

meist an jungen Blattunterseiten sitzen, kaum zu erkennen. Fast immer dienen weichlaubige Pflanzennachbarschaften als Überträger der Spinnmilben. In der Wachstumsphase, wenn Triebe und Blätter der Kamelien noch weich sind, können Spinnmilben und ähnliche Milbenarten immense Schäden anrichten, die später durch weiß-gelbliche Blattgefleckheit oder Verkrüppelungen mit nach oben gewölbten Blatträndern bis zu verformten Triebenden sichtbar werden. Sogar Missbildungen an späteren Blüten sind möglich. Da Milben dank ihrer Winzigkeit praktisch im Verborgenen leben, ist rechtzeitiges Eingreifen schwer möglich. Niedrige Temperaturen, konstante Luftfeuchte und weiter Pflanzenabstand wirken Milbenbefall entgegen. Kali-Seifen-Lösung, großzügig über Kamelien gesprüht (hilft auch gegen Blattläuse), kann Spinnmilbenbefall verhindern. Bei Bekämpfung mit geeigneten Akariziden wiederholt die Mittel wechseln, da sonst Resistenzbildung möglich.

Oft kann freilich schon ein scharfer kalter Wasserstrahl, geringen Befall beseitigen. Zur langfristigen Abhilfe empfiehlt sich Nützlingseinsatz mit Marienkäfern oder Florfliegen; ansonsten ein Pyrethrum-Mittel oder, bei wirklich starkem Befall, ein Insektizid einsetzen.

Spinnmilben können Kamelien nur in Innenräumen bzw. unter Glas befallen. Mit bloßem Auge sind die winzigen oft rötlichen Insekten und ihre Gespinste, die

Trauermückenlarven schädigen durch Fraß die Wurzeln von Kamelienjungpflanzen. Feuchte (Topf-)Erdoberfläche und höhere Temperaturen begünstigen ihre Ausbreitung. Spätestens

Schäden erkennen und vermeiden

beim schwarmartigen Auffliegen der winzigen schwarzen Mücken muss man Insektizide als Streumittel anwenden oder wiederholt gespritzt auf das Substrat bringen.

Der gefurchte **Dickmaulrüssler** ist nachtaktiv und hinterlässt deutliche Buchtenfraßspuren an den Blatträndern. Gravierendere Schäden richten seine weißen, 12 mm langen engerlingähnlichen Larven an. Aus der Eiablage des Dickmaulrüsslers, bevorzugt an Pflanzen mit waldgemäßen humosen Böden, erwachsen eine Vielzahl gefräßiger Larven. Innerhalb weniger Wochen können diese das gesamte Wurzelwerk verzehren und sogar den Wurzelhals entrinden. Solche Attacken können nur größere alte Kamelien überleben. Um Schäden zu verhindern oder gering zu halten, muss der antrazithfarbige, 1 cm große Käfer gefunden werden. Seine Larven bekämpft man im Sommer biologisch mit Nematoden, die auf das Erdreich gegossen werden (nur wirksam bei einer Bodenmindesttemperatur von +15 °C).

Raupen, die Vorläufer von Schmetterlingen, Motten oder anderen Insekten, sind ausgesprochen gefräßige Schädlinge, die auch Kamelien nicht verschmähen. Knospen, Blüten und Blätter können innerhalb kurzer Zeit – besonders gerne während der Nacht – so stark befressen werden, dass man sich kaum vorstellen kann, es hier manchmal nur mit einer einzigen Raupe zu tun zu haben. Ihre grünlich braunen Kotablagerungen neben den angefressenen Pflanzenteilen fallen meist eher ins Auge als die Raupe selbst, die Mutter Natur mit herausragenden Tarnfarben ausgestattet hat. Sorgfältiges Absuchen und Vernichten verhütet weitere Schäden. Kontrollieren und gegebenenfalls Absammeln ist auch bei erkanntem **Schneckenfraß** eine wirksame Gegenmaßnahme. Da jedoch Schneckenfraßschäden immer nur in Bodennähe zu finden sind und diese Schädiger sich zudem durch Schleimspuren verraten, kann man diese Weichtiere als nur geringfügige Kamelienfeinde einstufen.

Mäuse lieben frische Kamelienkeimlinge und noch viel mehr die reifen Saatkerne dieser Pflanzen. Gegebenenfalls sollte in bekannter Manier eingegriffen werden. Ausgepflanzte Kamelien werden manchmal von Wühl- oder Schermäusen geschädigt. Diese können dicke Wurzeln bis an den Stammgrund entrinden und auch völlig abfressen, sodass es zum Totalverlust der Pflanze kommt. Wer schon bei Obstgehölzen, Goldregen und Flieder derartige Schädigungen erlebt hat, muss bei Kamelien ebenfalls damit rechnen und sollte rechtzeitig die allgemein bekannten Wühlmaus-Gegenmaßnahmen ergreifen.

Schäden durch Vögel und Wild

Erwähnenswert, wenn auch kaum zu verhindern, sind Blütenknospenverluste, die **Dompfafen** im zeitigen Frühjahr anrichten. Aus scheinbar schierer Langeweile knipsen diese hübschen Vögel manchmal Blütenknospen aus den Kamelien und werfen sie achtlos zu Boden. Eine Beobachtung, die für Kirschen gleichermaßen zutreffen kann. Die demzufolge sparsamere Blütezeit muss als »naturgewollt« akzeptiert werden.

Wildverbissschäden sind während langer Schnee- oder auch Frostperioden zu beklagen, sofern Kaninchen oder Rehe Gartenzugang haben. Im schlimmsten Fall entrinden diese Tiere

Lokale Pflanzenschutz-Dienststellen geben in Zweifelsfällen Rat zur umweltgerechten und wirksamen Schädlingsbekämpfung.

Von durchgebrannt bis geringfügig gebräunt – Sonnenbrand-Schäden am Kamelienlaub. Ein häßlicher und vermeidbarer Schaden.

Keine physiologische Störung, sondern ein natürlicher Vorgang ist der jährliche Blattwechsel. Wie bei allen immergrünen Pflanzen werden auch die Blätter von Kamelien höchstens 3 Jahre alt. Sobald sich der neue Jahrestrieb entfaltet, beginnen sich ältere Blätter über lebhafte Gelbverfärbung von der Pflanze zu lösen. Dieser Vorgang kann sich klimabedingt bis in den Sommer hinziehen und bleibt absolut unbeeinflussbar.

dann die gesamte Kamelienpflanze, so dass diese stirbt. Allerdings sind Kamelien nicht das bevorzugte Wildfutter, so dass eine sichere Gartenzäunung gewöhnlich ausreichenden Schutz bedeutet.

Abschließend noch etwas Versöhnliches: Es gibt kaum Pflanzen auf der Erde, die so »industriefest« sind, wie Kamelien. Tokios Emissionen z.B. lassen Kamelien vor Gesundheit strotzen. Und an Oberitaliens verkehrsreichen Straßen versagen Oleander, während Kamelien in jährlich schönerer Pracht gedeihen.

Physiologische Störungen

Intensives Sonnenlicht führt bei Kamelien zwar nicht zwangsläufig zu Sonnenbrandschäden, doch sollte man für diese Waldpflanzen Standorte auswählen, die zu keiner Zeit des Jahres von Mittagssonne getroffen werden. Ausnahmen bilden lediglich die sonnenhungrigen herbstblühenden Sasanqua-Kamelien.

Sonnenbrandgeschädigte
Kamelienblätter zeigen je nach Lichteinfallswinkel leicht angebräunte Blattpartien bis vollständig durchgebrannte Blattspreiten. Sind nur wenige Blätter einer Pflanze betroffen, bleibt es ein optischer Makel. Viele sonnenbrandgeschädigte Blätter jedoch verhindern eine gute Vegetation. Gartenkamelien sollten vor Wintersonne bewahrt werden. Tauen zuvor starr gefrorene Blätter unter Sonneneinstrahlung zu schnell auf, werden Blattzellen gesprengt. Totaler Blattverlust oder »nur« sonnenbrandartige Blattschäden können die Folge sein. Bei mit (Regen-)Tropfen behafteten Blättern und vor allem Blüten können Sonnenstrahlen durch einen »Brennglaseffekt« ovale bis kreisrunde Brandflecken hinterlassen.

Sterben Blattspitzen und Blattränder zunehmend ab, deutet dies auf einen **Versalzungsschaden** der Kamelie hin. Viele Saugwurzeln sind bereits zerstört, wenn das Problem sichtbar wird. Zu hoch dosierte Düngergaben, Düngung während der Vegetationsruhe oder ein Verpflanzen der Kamelie in überdüngtes Substrat führen bei dieser salzempfindlichen Pflanze nicht selten zum Totalverlust. Bei frühzeitigem Erkennen des Schadbildes können gründliches Ausspülen des gesamten Erdballens und anschließendes Verbringen in absolut ungedüngten Weißtorf die Kamelie retten. Niemals sollte auf trockenen Erd-

Schäden erkennen und vermeiden

Blattunterseiten mit unterschiedlichen Korkwarzen-Stadien – die Blattoberseiten bleiben absolut unberührt.

Typischer, jedoch überwundener Barksplitting-Schaden am Kamelienstammgrund im Freiland.

stamms und führen zwangsläufig zum Tod der betroffenen Pflanze. Eine sichere Abhilfe gegen dieses Übel, von dem auch Azaleen und andere Gehölze betroffen sein können, ist hierzulande ebenso wenig möglich wie ein Abschaffen des Winters. Allerdings muss es nicht immer so drastisch enden: 80 Prozent aller Freilandkamelien im Wingster Kamelienparadies zeigen mehr oder weniger große Stammgrundnarben aus problemlos überwundenem »Barksplitting« der Vorjahre.

ballen gedüngt werden. Jegliche Düngergaben dürfen nur in der Wachstumsphase bis Juli und stets gering dosiert erfolgen. Im großen Sortiment der Kamelien gibt es einige wenige, die auf übermäßige Feuchtigkeit mit **Korkwarzenbildung** reagieren. Betroffene Pflanzen bilden an Blattunterseiten zunächst wässrige, blasenartige kleine Pusteln, die bald zu korkartigen Warzen verkrusten. Ihre Anzahl kann sehr verschieden sein und bei starkem Befall mehr als die Hälfte der Blattunterseite bedecken. Von diesem Schadbild abgesehen, das sich auf die Blattunterseiten beschränkt,

bleiben die Pflanzen gesundheitlich unbeeinträchtigt. Häufig gegen Ende des Winters, seltener während frostiger Wintertage werden Kamelien in unseren Gärten durch so genanntes **Barksplitting** geschädigt oder sogar zerstört. Unmittelbar über dem Erdreich am Stammgrund der Pflanze kommt es dann zu vertikalen Rindenaufbrüchen. Zu reichliche Flüssigkeit im Gewebe unter der Rinde fördert ein Bersten derselben ebenso wie zu früh einsetzender Saftstrom nach der Winterruhe. Viele und tiefe Risse unterbrechen dann oft lebenswichtige Leitungsbahnen des Kamelien-

auf einen blick

- Überwiegend strotzen Kamelien sichtbar vor Gesundheit.
- Die beste Pflege besteht in passender Standortwahl und gelegentlichem Beobachten.
- Störungen oder gar Schäden an Kamelien sind manchmal durch Witterungseinflüsse verursacht und dann kaum zu vermeiden.
- Andere Schäden oder Störungen an diesen Pflanzen lassen sich nach frühzeitigem Erkennen bekämpfen und gering halten.
- Das enorme naturgegebene Regenerationsvermögen aller Kamelien ist beispielhaft.

Gartentaugliche Frühjahrsblüher

Die schönsten Kamelien im Porträt

Waren Kamelien bislang als winterblühende, bestenfalls vorfrühlingsblühende Gehölze aus Wintergärten bekannt, hat sich dieses Bild mit vielen auch bei uns gartentauglichen Sorten deutlich verändert. Doch nicht Klimawandel und schon gar nicht neue Züchtungserfolge lassen mehr und mehr unserer Gärten mit herrlichen Kamelien glänzen. Vielmehr sind es jahrzehntelange gewissenhafte Erprobungs- und Selektionsarbeiten mit diesen Pflanzen, die diese Bereicherung möglich gemacht haben.

Gartentaugliche Frühjahrsblüher

Alle nachfolgend vorgestellten Kameliensorten beginnen mit prächtiger Blüte an Winter-Innenstandorten wie Wintergärten bis zu sechs Wochen vor ihrem Freilandblühbeginn. Hauptblütezeit der ausgepflanzten Kamelien in deutschen Gärten ist der April.

'Adelina Patti'
Camellia japonica

1888 von G. Waller aus Japan importiert und benannt. Eine wunderschöne, 8 cm große einfache Schalenblüte mit großer Wetterfestigkeit zeichnet diese Sorte aus. Sehr hellrosagrundig mit rötlicher Äderung und Streifung sowie einem rosafarbenen Band am Petalenrand, wirkt diese reichblühende Sorte mit goldener Staubgefäßmitte frühlingshaft fröhlich. Dichter aufrechter Wuchs mit schöner Belaubung setzt diese Sorte in ein dauerhaft gutes Bild.

'Adolphe Audusson'
Camellia japonica

Henri Guichard aus Frankreich machte der Kamelienwelt 1910 mit dieser Sorte ein großes Geschenk. Die 11 cm große Blüte bleibt im Freiland nur geringfügig kleiner. Dafür ist das Rot der halbgefüllten Blüte mit den goldenen Staubgefäßen so leuchtend, dass diese Sorte nicht einmal an schattigen Standorten unentdeckt bleibt. Glänzend gewölbte Belaubung und locker aufrechter Wuchs tragen zur Popularität dieser zuverlässigen Sorte bei. Bild siehe Seite 19.
'Adolphe Audusson Variegated' mit gleich guten Eigenschaften zeigt weiße Zeichnungen im Blütenblatt.

Das Spiel der Blütenfarben von 'Adelina Patti' begeistert jeden.

◄ Im Kamelien-Paradies Wingst zeigt sich 'Masayoshi' in natürlicher Begleitung von Farnen und Stauden.

Die schönsten Kamelien im Porträt

'Alba Plena'
Camellia japonica

1794 fand diese alte Sorte aus China ihren Weg in den Westen. Gute Wüchsigkeit qualifizierte sie zu einer häufigen Veredelungsunterlage. Die edle, 10 cm große, vollständig gefüllte Blüte in reinem Weiß begeistert heute wie früher. Auch wenn ihre Wetterbeständigkeit zu wünschen übrig lässt, ist die Pflanze von zuverlässiger Winterhärte. Dass die ersten schon im März erscheinenden Blumen im Wetter häufig verderben, muss man eben hinnehmen. Aufrechter dicht kompakter Wuchs und schöne, rundgewölbte Belaubung bringen eine ausgezeichnete Pflanzengestalt.
'Fimbriata' mit fein gezähntem Blütenblattrand ist nur einer der vielen »Sports« aus 'Alba Plena' mit identischen guten Eigenschaften.

Klassisch: 'Alba Plena'.

'Alba Simplex'
Camellia japonica

Vermutlich aus der ursprünglichen weißblühenden Wildart selektiert, gelangte diese Sorte 1830 aus Japan in den Westen. Die 8 cm große Blüte mit 5 bis 7 Petalen und zylindrisch angeordneten gelben Staubgefäßen ist weiß. Löffelförmig gewölbte dunkelgrüne Belaubung ziert dicht aufrechten Wuchs.
'Charlotte Rothschild' von 1930 mit identischen Merkmalen hat geschwungene größere Petalen.

'Anticipation'
Camellia × *williamsii* =
C. saluenensis × *C. japonica*

Les Jury, Neuseeland, 1962. Die 10 cm große, päonienförmig stark gefüllte Blüte prangt leuchtend dunkelrosa. Nur wenige gelbe Staubgefäße werden zwischen vielen Petaloiden der Blumenmitte sichtbar. Bis in den Juni währt die reiche Blühperiode dieser haltbaren Blume. Kräftige mittelgrüne Belaubung steht an der kompakt säulenförmig wachsenden Sorte.

'Anticipation' – edel und glutvoll.

'Apollo'
Camellia japonica

Um 1900 führte W. Paul aus England neben dieser Sorte 'Jupiter', 'Mars' und 'Mercury' ein. Wegen großer Sortenähnlichkeit auch in Bezug auf Winterhärte zueinander kann sich die Beschreibung nur auf 'Apollo' beschränken. Ihre halbgefüllte, 9 cm

Gartentaugliche Frühjahrsblüher

große hellrote Blüte mit rundlichen Petalen um ein dichtes Büschel gelber Staubgefäße hat große Farbwirkung im hochglänzenden dunklen Blattwerk. Noch lebhafter wirkt der weißgefleckte Sport 'Apollo Variegata'.

'Bella Romana'
Camellia japonica

1856 erschien diese »schöne Römerin« bei Delgrande, Italien, aus einem Sämling. Seither gewann sie in der ganzen Welt Liebhaber und mehr als ein Dutzend Synonyme. 'Duc d'Orleans', 'Marguerite Gouillon' und 'General Lamorciere' sind nur drei von ihnen. Die vollständig rosenblütig gefüllte Blume von 10 cm Größe erreicht bei uns im Freiland nur 7 cm Blütendurchmesser. Auf ihren vielen blass rosagrundigen Petalen befinden in großer Anzahl rosarote feine Strichelungen. Diese Sorte mit mittelgrüner Laubfarbe und gut verzweigtem Wuchs gewinnt mit zunehmendem Alter an Blühwilligkeit.

'Berenice Boddy'
Camellia japonica

Jones in Kalifornien, USA, erwarb mit dieser Sorte 1950 ein Pflanzenpatent. Die 7 cm große, zartrosa, becherförmige Blüte mit rosa Petalenrückseiten ist halbgefüllt und doch so einfach anmutend. Auf langen Staubfäden sitzen goldgelbe Staubgefäße. Schöne dunkelgrüne, ledrige Belaubung steht an zierlichen Trieben dieser gut wüchsigen Sorte. Trotz zart erscheinender Blüte ist 'Berenice Boddy' ausgesprochen wetterfest. Reichblütigkeit und zuverlässige Winterhärte machen sie zu einer begehrten Gartensorte.

Die zauberhafte 'Berenice Boddy'.

'Bella Romana' fühlt sich in deutschen Gärten sichtlich wohl.

Die schönsten Kamelien im Porträt

'Black Lace'
Camellia reticulata-Hybride

Aus der Kreuzung von *C.* × *williamsii* mit 'Donation' × *C. reticulata* 'Dataohong' erzielte L. W. Ruffin, USA, 1970 diese großartige Sorte mit dem nicht sehr zutreffenden Namen. Die perfekte, vollständig gefüllte, 7 cm große Blüte trägt bis zu 140 gewölbte, spiralförmig angeordnete Petalen von tiefem, samtigem Rot. Ihre mittelgrünen hochglänzenden Blätter mit deutlicher Aderung stehen dicht an der buschig aufrecht wachsenden Pflanze. Der späte Blühbeginn, im Freiland nie vor März, schützt diese schöne und bewährte Sorte vor Spätfrostschäden.

'Blood of China'
Camellia japonica

Rubel, USA, führte 1938 diese populäre Sorte ein. 7 cm erreicht die locker päonienförmige Blüte mit wellig gedrehten Petalen und damit etwas verdeckten gelben Staubgefäßen. An Innen-Standorten überzeugt das »stumpfe« Rot der Blüte wenig, wohl aber ihr frischer Duft und die sich größer entwickelnde Blüte. Im Garten bleibt sie duftlos, aber im späten März setzt an der gefällig wachsenden Sorte mit dunkelgrüner Belaubung die feurigrote Blüte ein. Tiefer Schattenstandort verhindert Reichblütigkeit.

'Bob's Tinsie'
Camellia japonica

In Nuccio's Nurseries, USA, entstand 1962 diese hübsche »Miniaturkamelie«. Nur 5 cm groß ist die blutrote anemonenförmige Blüte, deren 9 runde Petalen einen flachen Kranz um ein dichtes rundes Büschel zugespitzter roter Scheinpetalen bilden. Der Blütenreichtum nimmt jährlich zu. Der langsame dichte Pflanzenaufbau und das kleine dunkelgrüne Blattwerk sollten 'Bob's Tinsie' im Garten einen Platz in der »ersten Reihe« sichern (siehe Bild Seite 31). Große Sonnentoleranz ist nur während Frostperioden nicht gegeben.

'Brigadoon'
Camellia × *williamsii*

Aus einem *C. saluenensis* × *C. japonica*-'Principessa Bacciochi'-Sämling erzielte Armstrong, USA, 1962 eine Hybride mit über

'Bob's Tinsie'

'Black Lace'

Gartentaugliche Frühjahrsblüher

'C. M. Wilson'

11 cm großen Blüten. Die halbgefüllten Blumen mit anmutig hochgeschwungenen Petalen und gelber Staubgefäßmitte sind von leuchtend rosa Farbe mit Purpurschimmer. Das nicht sehr dicht stehende mittelgrüne Blattwerk an der langsam wüchsigen Pflanze mit starkem Geäst zeigt viel Substanz. Üppige Blüte ab März ist auch an schattigeren Gartenstandorten zu erwarten.

'C. M. Wilson'
Camellia japonica

Als Sport aus der 'Elegans' bei Mrs. A. E. Wilson 1948 entstanden. Etwa zehn Jahre zuvor war ein identischer Sport 'Lauterbach' in Dresden entstanden. Charakteristische Merkmale sind eine 10 cm große anemonenförmig gefüllte Blüte mit hellrosafarbenen Außenpetalen und vielen dunkler rosa gefärbten Petaloiden mit wenigen Staubgefäßen. Große glänzende sattgrüne Belaubung in häufig abwärts gewinkelter Stellung schmückt die breit kompakt wachsende Sorte. Ihre gute Winterhärte wird aufgrund wetterempfindlicher Blüte und sonnenbrandgefährdeter Blätter nur an geschützten Gartenstandorten erfüllt.

'Collettii'
Synonym: 'General Colletti'
Camellia japonica

1838 bei J. Makoy in Belgien entstanden, hat diese spektakuläre Kamelie bis heute nichts von ihrer Popularität eingebüßt. Ihre 9 cm große Blume ist päonienförmig gefüllt, von blutroter Farbe mit unregelmäßigen weißen Flecken und Flächen in den Petalen. Da diese Weißfleckigkeit nicht genetisch bedingt, sondern virusinfiziert ist, variiert der Weißanteil erheblich. Hochglänzend ist die dunkelgrüne, ledrige, rundliche Belaubung.

Die kompakte Wüchsigkeit von 'Collettii' wird durch eine nahezu 50-jährigen Pflanze in deutschem Freiland von 3 m Höhe und gleicher Breite bestätigt. Zudem begeistert die alljährlich zuverlässig reiche Blüte dieser sonnentoleranten Sorte.

Alljährlich zuverlässig üppig im Garten: 'Collettii'.

Die schönsten Kamelien im Porträt

'Cornish Snow', ein Gartenschatz.

'Cornish Snow'
Camellia-Hybride

J. C. Williams in Cornwall, England, gewann 1948 aus der Kreuzung *Camellia cuspidata* × *Camellia saluenensis* eine wunderschöne neue Wildhybride. Nur 5,5 cm groß ist die einfache weiße Blüte mit bernsteinfarbenen Staubgefäßen. Blütenknospe und äußere Petalen sind oft zartrosa behaucht. Locker stehendes mattgrünes schmales Blattwerk mit geringem Glanz und ein rötlicher Neutrieb deuten auf *Camellia cuspidata* als Elternteil hin. Der Wuchs ist langsam und feintriebig. 'Cornish Snow' begeistert jährlich mit reicher Blüte von Februar bis Mai. Beinahe unglaublich ist die Wetterstabilität dieser wertvollen Gartensorte.

'Cornish Spring'
Camellia-Hybride

Aus der Kreuzung *Camellia japonica* 'Rosea Simplex' × *Camellia cuspidata* erzielte G. Carlyon Cornwall, England, 1973 beinahe ein Pendant zu 'Cornish Snow'. Die leuchtend rosafarbene, einfache trichterförmige Blüte mit dunkelgelber Staubgefäßmitte ist etwa 4 cm groß. Dicht und kompakt aufrecht wächst diese Sorte mit ihrer leicht glänzenden mittelgrünen kleinen Belaubung. Allerdings stellt 'Cornish Spring' seine Reichblütigkeit im Garten selten vor Ende März unter Beweis, dann jedoch bis Ende Mai anhaltend.

'Coquettii'
Synonym: 'Glen 40'
Camellia japonica

Schon 1839 erzielte M. Tourres in Frankreich aus einem Sämling diese vollständig gefüllt blühende schöne Sorte mit 8 cm großer roter Blüte. Ihr kompakter, gut verzweigter Pflanzenaufbau mit glänzender schöner Belaubung und sehr zuverlässiger Winterhärte bei reicher Blüte hat 'Coquettii' beliebt gemacht. In Innenräumen ist die Blütenfarbe heller, dazu häufig eine gelbe Staubgefäßmitte sichtbar. Hier sind Blütengrößen bis 11 cm möglich. Freilandblütezeit von April bis Juni anhaltend.

'Coquettii', edle und bewährte Gartenschönheit.

Gartentaugliche Frühjahrsblüher

Zauberhaft fragil und doch so robust – 'Dagmar Berghoff'.

'Dagmar Berghoff'
Camellia-Hybride

Als 5-jähriger Sämling von *Camellia pitardii* gewonnen, blühte diese neue 'Pitardii'-Hybride erstmals 1985 bei Peter Fischer, Deutschland. Aus einer rosafarbenen Knospe entwickelt sich eine 8 cm große halbgefüllte zartrosa Blüte mit rosafarbener Petalenrückseite. Orangegelbe Staubgefäße in der Blumenmitte sowie feine Neutrieb- und Blattstielbehaarung weisen *Camellia pitardii* als Elternteil dieser Sorte aus. Markant genervt ist das mittelgrüne Laub dieser kompakt aufrechtwüchsigen Hybride. Die zauberhafte jährliche reiche Blüte, die ab März im Garten (unter Glas ab Dezember) zu sehen ist, hält bis Mai an. An geschützten Gartenstandorten bleibt die zarte Blume makellos schön bis zum Verblühen. Bisher hat 'Dagmar Berghoff' gute Winterhärte bewiesen.

'Debbie'
Camellia × williamsii

Les Jury in Neuseeland gewann 1966 mit der Kreuzung *Camellia saluenensis × Camellia japonica* 'Debutante' die erfolgreiche 'Debbie'. Stark anemonenförmig bis vollständig gefüllt, erblüht die 9 cm große Blume in leuchtendem Pinkrosa. Üppige reiche Blüte auch an ungünstigen Standorten ist von dieser stark schlankwüchsigen Sorte zu erwarten. 7 cm längliche, hellgrüne Belaubung steht dicht an langen Trieben. Unausgereifte Triebe frieren im Garten häufig zurück. Die Regenerationsfähigkeit und damit auch Winterhärte von 'Debbie' kann als »gut« bezeichnet werden.

'Debutante'
Synonym: 'Sarah C. Hastie'
Camellia japonica

1930 von Wilson, USA, gezüchtet, blüht diese schöne hellrosa päonienförmige Sorte im Garten oft schon im März. Das gewölbte hellgrüne Blatt ist sonnenbrandgefährdet. Auch wegen der wetterempfindlichen Blüte ist ein geschützter Gartenstandort bei dieser Sorte empfehlenswert. Ihre Reichblütigkeit nimmt mit den Jahren zu.

Immer prächtig: 'Debbie'.

Die schönsten Kamelien im Porträt

Perfekte Schönheit: 'Desire'.

Anfang Mai – 'Donation'.

'Desire'
Camellia japonica

David Feathers, USA, 1973. Die edel geformte, vollständig gefüllte, 10 cm große Blume dieser Sorte wölbt ihre 60 Petalen in perfekter Anordnung 5 cm hoch. Die Kombination aus zartrosa Blütenfarbe mit dunkler rosafarben auslaufendem Petalenrand wirkt ausgesprochen zauberhaft. Dazu ziert hochglänzende mittelgrüne Belaubung die wüchsige aufrechte Pflanze. Die lange Einzelblütendauer macht 'Desire' unter Glas dankbarer. An geschütztem Gartenstandort ist befriedigende Winterhärte zu erwarten.

'Donation'
Camellia × williamsii

1941 gelang Col. Stephenson R. Clarke in Borde Hill, England, mit der Kreuzung *Camellia saluenensis × Camellia japonica* 'Masayoshi' die heute wohl populärste Kamelienzüchtung. 11 cm groß ist ihre halbgefüllte rosafarbene Blüte mit den schwingenden, rotgeaderten Petalen und einer hellgelben, erhabenen Staubgefäßmitte. Unübertroffene Reichblütigkeit, graziler Wuchs und kleine dunkelgrüne

'Dr. Burnside'

Belaubung geben 'Donation' als Gartensorte Favoritenstatus. Ein Standort im tiefen Schatten kann für eine Blütezeit bis Anfang Juni sorgen.

'Dr. Burnside'
Camellia japonica

Dr. A. F. Burnside, USA, gelang 1959 mit der Züchtung dieser Sorte eine in jeder Hinsicht optimale neue Kamelie. Die 11 cm große halbgefüllte, bis päonienförmige Blüte von leuchtend feurig roter Farbe mit großer Staubgefäßmitte begeistert darüber hinaus durch lange Haltbarkeit. Der kräftige aufrechte Wuchs und die dichte mittelgrüne Belaubung wirken wohlproportioniert.

Gartentaugliche Frühjahrsblüher

'Dr. Tinsley'
Camellia japonica

1949 in USA als »Kind unbekannter Eltern« in Heyman's Nurseries entdeckt, hält diese schöne Sorte inzwischen einen bedeutenden Platz in der Kamelienwelt. Ihre zauberhafte unvollständig bis halbgefüllte 9 cm große Blüte mit blassrosa bis leuchtend rosafarben schimmernden, schwingenden Petalenrändern und großer goldener Staubgefäßmitte begeistert durch Reichblütigkeit im Garten. Die lang anhaltende Blüte wird kaum durch widrige Wetterumstände beeinträchtigt. Schönes hellgrünes Blattwerk und buschig aufrechter Wuchs führen zu ganzjährig gutem Ansehen.

'E. G. Waterhouse'
Camellia × williamsii

Einer von vielen Sämlingen des Professors E. G. Waterhouse, Australien, aus *Camellia japonica × Camellia saluenensis*, wurde diese Sorte 1955 auch nach ihm benannt. Wunderschön geformte perlmuttrosa bis lachsrosa gefärbte Petalen von großer Anzahl bilden die perfekt gefüllte, 6,5 cm große Blüte. Die Pflanze wächst straff aufrecht, etwas sparsam mit ledrigen, mittelgrünen Blättern versehen. Im Verblühen rieselt die reich blühende Sorte ihre vielen Petalen einzeln ab. Ein windgeschützter Gartenstandort ist anzuraten.

'Elegans'
Camellia japonica

Diese 1831 von Alfred Chandler in England als Sämling von 'Waratah' erzielte Sorte ist heute oft als 'Chandleri Elegans' im Handel. Häufige Sport-Bildung sorgte bei dieser Kamelie für neue Farbvarianten mit sonst identischen Merkmalen der Ursprungssorte. Felix und Dijkhuis

'Dr. Tinsley'

in Holland entwickelten 1940 den winterharten Auslesetyp 'Chandler's Rustic' mit noch besserer Gartentauglichkeit, jedoch geringerer Blütensubstanz. Ausgesprochen schön ausgebildet ist die anemonen-

Immer herrlich: 'Elegans', ein Gartenklassiker.

53

Die schönsten Kamelien im Porträt

förmige, 11 cm große dunkelrosafarbene Blüte, bei der ein doppelter äußerer Petalenkranz die von vielen Scheinpetalen gefüllte Mitte umgibt. Allerdings sind nur wenige verborgene Staubgefäße zu finden. Einzelne weiße Scheinpetalen und ab und zu weiße Flecken in den großen Petalen beleben indes die Blütenfarbigkeit. Schöne hochglänzende große Belaubung steht breit abgewinkelt an den Trieben der ausladend wachsenden Pflanze, während starker Blütenbesatz zu »hängenden« Blumen führt. Ohne Beschattung sind diese Sorte und ihre Sports im Garten sonnenbrandgefährdet.

Traumhaft: 'E. T. R. Carlyon'.

'Elegant Beauty'
Camellia × williamsii

Les Jury aus Neuseeland gewann aus der Kreuzung *Camellia saluenensis × Camellia japonica* 'Elegans' 1962 diese Hybride mit 11 cm großer, anemonen- bis päonienförmiger, leuchtend rosafarbener Blüte. Der Wuchs dieser mittelgrün belaubten Pflanze macht sie spaliergeeignet. Nur durch öfteren Rückschnitt ist eine buschige Pflanzengestalt zu erzielen. Gute Winterhärte und lange Blütendauer sind an halbschattigen Gartenstandorten zu erwarten.

'Elsie Jury'
Camellia × williamsii

1964 entstand bei Les Jury, Neuseeland, aus *Camellia saluenensis × Camellia japonica* 'Pukekura' eine 12 cm große päonienförmige, stark gefüllte neue Hybride. Helles Rosa mit einem dunkler rosafarbenen Unterton und wenigen gelben Staubgefäßen bewirkt eine duftige Blütenwirkung. Niederschläge und Wind verderben diese so ansehnliche Blume leider leicht. Deshalb ermöglichen nur sehr gut »beschirmte« Gartenstandorte dieser sonst ro-

busten, aufrecht wachsenden Kamelie mit schöner Belaubung befriedigende Blütenresultate.

'E. T. R. Carlyon'
Camellia × williamsii

Gillian Carlyon Cornwall, England, gewann 1972 aus der Kreuzung *Camellia × williamsii* 'J. C. Williams' × *C. japonica* 'Adolphe Audusson' eine der schönsten weißen Kameliensorte für unsere Gärten. 8 cm groß ist ihre strahlend weiße halbgefüllte Blüte mit goldgelben bis bronzefarbenen Staubgefäßen, die teilweise von elegant aufgewellten Petalen verdeckt werden. Das schöne mittelgrüne Blatt zeigt deutliche helle Aderung und steht dicht an der kompakt aufrechten Pflanze. Etwa ab Mitte April begeistert diese Sorte mit ihrer lang anhaltenden Blüte im Garten, wo ihre Wetterbeständigkeit überrascht.

'Fred Sander'
Camellia japonica

Diese Sorte ist 1915 in der Gärtnerei Sander in Belgien entstanden. Ihre häufig variierende halbgefüllte scharlachrote, 10 cm große Blüte zeigt eine goldgel-

Gartentaugliche Frühjahrsblüher

be Staubgefäßmitte, der Petalenrand ist nelkenartig gefranst und gewellt. Im Freiland ist dieses Erscheinungsbild weniger intensiv ausgeprägt, die Leuchtkraft der Blüte jedoch stärker. Die dunkelgrüne, leicht verdrehte Belaubung unterstreicht das Erscheinungsbild der aufrechtwüchsigen Pflanze.

'Fred Sander', eine Kamelienrarität mit großem Gartenwert.

'Freedom Bell'
Camellia-Hybride

Erstmals nach 16 Jahren blühte 1962 in Nuccio's Nurseries, USA, ein Sämling, dessen Herkunft nicht mehr exakt nachzuweisen war. Es handelt sich um eine Kamelienhybride mit leuchtend roter, 7 cm großer, halbgefüllter Blüte, deren zum Trichter gewölbte Petalen um eine goldgelbe Staubgefäßmitte stehen. Sehr feine weiße Längsmarkierungen verstärken die Leuchtkraft der Blüte. Dazu ziert schöne dunkelgrüne, lanzettförmige Belaubung die feinästige, gut verzweigt aufrecht wachsende Pflanze. Ihre hervorragende Gartentauglichkeit wird durch reiche und früh einsetzende Blüte bis Ende Mai und zuverlässige Winterhärte unterstrichen.

'Freedom Bell'

Die wundervolle Garten-Higo 'Fuji'.

'Fuji'
Camellia japonica-Higo-Gruppe

Auch wenn die Namensbezeichnung dieser 1958 in Japan ent-

Die schönsten Kamelien im Porträt

Einzigartig: 'Guilio Nuccio'.

Alternative Sorten: 'Fuji-no-yuki', 'Yukimi Guruma', 'Hakutaka'.

'General Leclerk'
Camellia japonica

Guichard Soers Gärtnerei in Frankreich brachte 1920 diese Sorte mit 8 cm großen, dunkelroten, päonienförmigen Blüten heraus. Die dunkelgrün belaubte Pflanze ist von kräftigem Wuchs und an sonnigen Gartenstandorten sehr blühwillig, lässt jedoch dort etwas an Blütenleuchtkraft vermissen.

'Grand Prix'
Camellia japonica

Eine Züchtung von Nuccio's Nurseries, USA, 1968. In warmem leuchtendem Rot erstrahlt die große halbgefüllte Blüte mit ihrem goldgelben Staubgefäßbüschel. Bringt diese Sorte bei Innenüberwinterung nahezu 13 cm große Blumen hervor, bietet sie im Garten ausgepflanzt nur noch 9 cm große Blüten. Die Brillanz der Farbe ist jedoch dort kaum zu übertreffen. Der etwas ausladend sperrige Wuchs mit den großen Blättern wird bei dieser zuverlässig harten Sorte gerne in Kauf genommen.

'Guilio Nuccio'
Camellia japonica

Aus einem Sämling der Goldfisch-Kamelie 'Mermaid' entstand in Nuccio's Nurseries, USA, 1955 eine neue Kameliensorte, deren Blüte bis heute Furore macht. Bei optimaler Versorgung bringt sie an klimagünstigen Standorten 15 cm große Blüten hervor: halbgefüllt, mit viel Substanz in den großen, wellig hochgedrehten Petalen und wenig Scheinpetalen um die Staubgefäßmitte. Ihre Blütenfarbe Korallenrot mit Rosaschimmer begeistert jeden Betrachter. Im Garten müssen bei 'Guilio Nuccio' in puncto Blütenfarbe keine Abstriche gemacht werden. Blütengröße und Blütenreichtum fallen an dieser winterharten, etwas sperrig wachsenden Sorte jedoch deutlich geringer aus.

'Hagoromo'
Synonym: 'Magnoliaeflora'
Camellia japonica

Japanische Kamelien mit diesem Namen, der »Federrobe« bedeutet, gibt es bereits seit 1695. Die hier beschriebene stammt aus dem Jahr 1859 und gilt als eine der schönsten weltweit.

standenen Sorte sinngemäß »unvergleichlich« bedeutet, werden hier sehr ähnliche 'Higos' mit weißer Blüte und absolut gleichem Gartenwert erwähnt. 'Fuji' hat im Freiland 8 cm große einfache Blüten mit den typischen 'Higo' entsprechenden flach ausgebreiteten 5 bis 6 blendend weißen Petalen. Eine große »Puderquaste« aus ca. 180 hellgelben Staubgefäßen erhebt sich aus der Blumenmitte. Mittelgroße dunkelgrüne Blätter in ovaler, gewölbter Form stehen an der etwas sparrig wachsenden Pflanze. Bei überwiegend guter Winterhärte können dennoch einige der gelben Staubgefäße erfrieren.

Gartentaugliche Frühjahrsblüher

Die halbgefüllte blassrosafarbene, zu Weiß verblühende Blume entfaltet ihren großen doppelten Petalenkranz magnoliengleich um die hellgelbe Staubgefäßmitte. Die mittelgrüne Belaubung steht häufig wellig gedreht an der langsam, aber sehr aufrecht wachsenden Pflanze. Die Robustheit von 'Hagoromo' mit ihrer so zart wirkenden Blüte überrascht in unseren Gärten. Ihre zuverlässige Winterhärte ist seit Jahrzehnten erwiesen.

'Hikarugenji'
Syn. in Deutschland: 'Herme'
Syn. in Frankreich: 'Souvenir de Henri Guichard'
Syn. in USA: 'Jordan's Pride'
Camellia japonica

Vermutlich schon im 13. Jahrhundert in Japan entstanden, fand diese Sorte mit vielen Synonymen ab 1859 im abendländischen Kulturkreis Verbreitung. 8 cm groß ist ihre päonienförmig himbeerrote Blüte mit lebhafter weißer Zeichnung auf den Petalen, wobei der gesamte Petalenrand weiß erscheint. Die gelben Staubgefäße werden teilweise von hochgestellten Petalen verdeckt. Bei Innenhaltung kann leichter Duft verspürt werden. Im Garten gefällt diese schöne und winterharte Sorte mit ihrem rundlichen mittelgrünen Blatt und aufrechten Wuchs an halbschattigen Standorten durch reiche, lang anhaltende lebhafte Blüte.

'Hiodoshi'
Camellia japonica-Higo-Gruppe

'Hiodoshi', eine der schönsten Higo-Kamelien, dürfte vor 1700 in Japan entstanden sein und ist dort als »Drohendes Scharlach« (wörtliche Namensübersetzung)

Edle Gartenschönheit: 'Hagoromo'.

Die Higo 'Hiodoshi'.

Die schönsten Kamelien im Porträt

Bezaubernd elegant: 'Janet Waterhouse'.

bekannt. Die 10 cm große einfache Blüte mit 7 bis 9 flach ausgebreiteten scharlachroten Petalen um 100 borstig aufgerichtete gelbe Staubgefäße wirkt sehr anziehend. Dunkelgrünes, löffelartig gewölbtes Laub und unregelmäßige Verzweigung sind genauso Higo-typisch wie ihre große Gartentauglichkeit.

'Inspiration'
Camellia-Hybride

1953 in Exbury Gardens aus der Kreuzung der Wildarten *Camellia reticulata* × *Camellia saluenensis* entstand diese Sorte mit der leuchtend pink-rosafarbenen halbgefüllten, 9 cm großen Blüte. Weiße Staubfäden in der Blumenmitte tragen bronzegelbe Staubgefäße. Halb geöffnet wirkt die Blüte mit ihren 20 Petalen sehr rosenähnlich.

Keine andere Kamelie bietet in unseren Gärten mehr »Flower Power«. Glänzende dunkelgrüne Belaubung unterstreicht das positive Erscheinungsbild der gefällig aufrechtwüchsigen Sorte.

'Janet Waterhouse'
Camellia japonica

E. G. Waterhouse, Australien, gewann aus einem Sämling unbekannter Eltern 1952 eine der schönsten weißblumigen Kamelien, die 10 cm große alabasterweiße Blumen präsentiert. Um die goldgelbe Staubgefäßmitte stehen in 6 Reihen elegant geformte Petalen in so großer Anzahl, dass vor vollständiger Blütenöffnung eine kompakt gefüllte Blume sichtbar ist. Die hellgrüne Belaubung der gut aufrechtwüchsigen Pflanze verlangt einen halbschattigen Gartenstandort. Hier ist auch die etwas wetterempfindliche Blüte lange haltbar.

'J. C. Williams'
Camellia × *williamsii*

1940 erzielte J. C. Williams in Cornwall, England, aus der Kreuzung von *Camellia saluenensis* × *Camellia japonica* eine leuchtend rosafarbene, mit 6 bis 8 Petalen einfach blühende Hybride.

Im Freiland unter luftigem Schattenschirm: 'Inspiration'.

Gartentaugliche Frühjahrsblüher

'Konronkoku' – wie Samt und Seide. Die frühlingshaft fröhliche Higo 'Kyo-Nishiki'.

Die klare Schönheit der 9 cm großen Blume mit ihren gelben Staubgefäßen und ein jährlich reicher Blütenansatz machen diese Sorte auch bei uns begehrt. Zierlicher Wuchs kommt begrenzten Gartenräumen entgegen. Blütenbeginn ist oft schon im März zu erwarten.

'Konronkoku'
Camellia japonica

Diese interessante Sorte ist 1925 in Japan entstanden und wegen ihrer ungewöhnlichen Farbe überall populär geworden. Die 8 cm große, vollständig rosenförmig gefüllte Blüte zeigt keine Staubgefäße. Das samtig warme, tiefe Rot der vielen Petalen erscheint nahezu schwarzrot. Hochglänzende, langovale, tiefgrüne Belaubung steht an der stark aufrechtwüchsigen Sorte mit zuverlässiger Winterhärte.

'Kramers Supreme'
Camellia japonica

August Kramer züchtete 1957 in seiner Gärtnerei in Kalifornien, USA, eine Kamelie, die weltweit Beachtung fand und sehr beliebt wurde. Die große hellrote, päonienförmige Blüte von 10 cm Durchmesser zeigt wenige gelbe Staubgefäße zwischen den vielen hochgestellten, wellig gedrehten Petalen. Duft verbreitet sie nur an Innenstandorten. Im Garten gut winterhart, zeigt sie wirklich üppige Blüte wenn ein warmer Sommer vorausgegangen ist, der ihr zu reichem Knospenansatz verhilft. Mittelgrüne, am Rand gezähnte Belaubung und schöner, kompakt aufrechter Wuchs komplettieren diese hervorragende Sorte.

'Kyo-nishiki'
Camellia japonica Higo-Gruppe

Nach gültiger Nomenklatur muss die korrekte Bezeichnung heute 'Higo-Kyo-nishiki' lauten – »Brokat der Higo-Metropole« bedeutet die Übersetzung. Um 1912 entstand diese Sorte in Japan. Ihre typische einfache Higo-Blüte mit dichtem Staubgefäßbüschel ist weiß mit wenigen rosaroten Strichen und Flecken auf den Petalen. Mit dunkelgrüner Belaubung und lockerem Pflanzenaufbau setzt diese wunderschöne Higo-Kamelie Maßstäbe in puncto zuverlässiger Garteneignung und Winterhärte.

Die schönsten Kamelien im Porträt

Grande Dame: 'Lady Vansittart'.

Wundervolle 'Laurie Bray'.

Kamelienschönheit: 'Lavinia Maggi'.

'Lady Vansittart'
Sports: 'Yours Truly',
'Lady Vansittart White',
'Lady Vansittart Blush'
Camellia japonica

Diese Sorte wurde um 1880 von L. van Houtte, Belgien, aus Japan importiert. 9 cm groß ist ihre halbgefüllte weiße Blüte mit rosaroten Aderungen, Streifen und Flecken auf 18 Petalen, die in 3 Reihen um hellgelbe Staubgefäße stehen. Dichte dunkelgrüne, an *Ilex* erinnernde Belaubung verleiht der kompakt schön aufrecht wachsenden Pflanze besonders hohen Gartenwert. Viele Sports entstanden aus dieser Sorte, alle mit gleichwertiger Garteneignung.

'Laurie Bray'
Camellia japonica

G. Linton, Australien, schuf 1952 mit einem Sämling der 'Edith Linton' eine hervorragende neue Gartenkamelie. 11 cm groß ist die halbgefüllte zartrosa Blüte, bei der 16 Petalen in elegant beschwingter Form um eine orangegelbe Staubgefäßmitte stehen. Während des langsamen Auf- und Verblühens werden intensiv rosafarbene Schattierungen der Petalen sichtbar. Hellgrüne reichliche Belaubung schmückt die schön verzweigtwüchsige Pflanze. Halbschattige, vor Winterwinden geschützte Gartenstandorte sichern einen dauerhaften Gartenerfolg dieser Sorte.

'Lavinia Maggi'
Camellia japonica

In Italien 1858 von Lechi hervorgebracht, erschien diese Kamelie 1860 bei Van Houtte Belgien, als 'Contessa Lavinia Maggi'. Vollständig rosenförmig gefüllt blüht die 9 cm große Blume. Ihre vielen weißen Petalen zeigen lebhafte rosarote Streifen und Flecken. Hin und wieder gibt die Blumenmitte gelbe Staubgefäße frei. Große rundliche Belaubung steht hellgrün und dicht an der leicht starrwüchsigen Pflanze. Die Neigung zur Blütenfarbenveränderung an einer Pflanze brachte rote und weiße Sports hervor.

'Leonard Messel'
Camellia-**Hybride**

Colonel L. Messel, England, erzielte 1955 aus *Camellia reticulata* × *Camellia* × *williamsii* 'Mary Christian' eine Hybride

Gartentaugliche Frühjahrsblüher

von großem Gartenwert. Ihre 10 cm große halbgefüllte Blüte besitzt 16 »wallende« Petalen um cremefarbenen Staubfadenkranz und goldbraunen Staubgefäßen. Das Rosa der Petalen wird von hellroter Aderung zum Leuchten gebracht. Harte, mittelgrüne Belaubung und leicht starrer Wuchs verraten eine Reticulata-Verwandtschaft. Als Gartenkamelie ist diese Sorte zuverlässig reichblühend. Die Wüchsigkeit nimmt mit dem Alter zu.

'Leonard Messel'

'Leucantha'
Synonyme: 'White Tricolor', 'Shiro-ezo-nishiki', 'Wakanoura White', 'Siebold White' u. a.
Camellia japonica

1834 wurde diese Kamlie als weißer Sport der 'Tricolor' erstmals erwähnt, doch die nomenklatorische Namenskorrektheit ist bis heute umstritten. Die rein weiße, halbgefüllte Blüte mit gelben Staubgefäßen und weißer Staubfadenkrone erreicht 10 cm. 20 nach außen gewölbte Petalen bilden eine flache Becherform. Absolute Wetterunempfindlichkeit begeistert an dieser vornehmen Blüte. Mit sattgrünem dichtem Blattwerk an kompakt aufrechtem Wuchs ist 'Leucantha' einer der Gartenfavoriten.

'Loki Schmidt'
Camellia-Hybride

Aus der Kreuzung von *Camellia japonica* 'Akebono' × *Camellia pitardii* gewann Peter Fischer, Deutschland, eine wundervolle Hybride mit bisher unbekanntem Blütenfarbenspiel. Der 6-jährige Sämling blühte erstmals 1990. Loki Schmidt, die Gattin des deutschen Altbundeskanzlers, wurde Namensgeberin und

'Leucantha'

Patin dieser heute hochbegehrten neuen Sorte mit der 7 cm großen einfachen Blüte. Ihre 6 weißen Petalen zeigen einen leuchtend rosafarbenen Randsaum, der hauchzart ins Weiß ausläuft. Die cremeweißen Staubfäden tragen goldgelbe

Einfache Schönheit: 'Loki Schmidt'.

Die schönsten Kamelien im Porträt

Gartenwunder: 'Man Size'.

Prächtig: 'Mary Phoebe Taylor'.

'Man Size'
Camellia japonica

Diese Sorte entstand 1957 als Sämling von 'Hagoromo' bei W. F. Wilson, USA, und präsentiert eine anemonenförmige, 6 cm große weiße Blüte. 12 Petalen umgeben die mit 90 Scheinpetalen und wenigen gelben Staubgefäßen gefüllte Mitte. Mittelgrünes, leicht gedrehtes Laub steht dicht an der langsam aufrechtwüchsigen Pflanze. Die Winter- und Wetterfestigkeit von 'Man Size' ist hervorragend. Ein lichter Standort erhöht den Blütenreichtum.

'Mary Phoebe Taylor'
Camellia × williamsii

J. Taylor, Neuseeland, fand diese bemerkenswerte Hybride 1965 als Sämling. Sie besticht mit 12 cm großen päonienförmigen Blüten in leuchtendem Pinkrosa. 12 große Randpetalen umgeben 60 Scheinpetalen mit wenigen verstreuten gelben Staubgefäßen. Schmale dunkelgrüne genarbte Blätter schmücken die locker verzweigte starkwüchsige Pflanze. Der großartige Blüteneindruck ab April entschädigt für den wenig überzeugenden Pflanzenwuchs-Staubgefäße. Der zarte »frühlingsfrohe« Eindruck der Blüte wird von glänzend dunkelgrüner Belaubung und dicht-aufrechtem Wuchs begleitet. Im Garten hat 'Loki Schmidt' bisher alle Winter hervorragend überstanden.

'Masayoshi'
Syn.: 'Donckelaerii'
Sport mit gefransten Petalen:
'Ville de Nantes'
Camellia japonica

Diese schöne Kamelie ist 1788 in Japan entstanden und wurde 1829 von Franz von Siebold in Belgien eingeführt. Donckelaer, der Leiter des Leuwener Botanischen Gartens, übernahm sie und wurde Namensgeber der Sorte, die heute immer noch berechtigte große Popularität genießt. Die halbgefüllte 9 cm große Blüte öffnet sich zu einem weiten Trichter mit gelber Staubgefäßmitte. Kontrastreiche weiße adrige Flecken erscheinen häufig in den Petalen. Kaum gewölbtes mittelgrünes Blattwerk mit geringem Glanz steht an der sehr langsam wüchsigen Pflanze. Zuverlässige Winterhärte hat 'Masayoshi' zu weiter Verbreitung und großer Beliebtheit verholfen. Bild siehe Seite 23 u. 44.

'Mikenjaku'
Syn.: 'Nagasaki',
'Lady Audrey Buller', 'Lonjan',
'Tenninkwan'
Camellia japonica

Der Name dieser Kamelie, die 1859 in Japan entstand, erinnert

Gartentaugliche Frühjahrsblüher

an einen Kriegshelden der chinesischen Mythologie. Ihre 10 cm große halbgefüllte bis päonienförmige, kardinalrote Blume enthält einzelne weiß marmorierte Petalen. Zwischen wellig aufgestellten Petalen leuchten wenige goldgelbe Staubgefäße. Halbrund gewölbtes, tiefgrünes, glänzendes Blattwerk steht zierend an der prächtig aufrechtwüchsigen Sorte mit hohem Gartenwert. Beliebt in der ganzen Kamelienwelt, wird sie mit vielen Synonymen belegt.

'Mikenjaku'

'Morning Glow'
Camellia japonica

J. S. Bradford, USA, fand 1928 mit einem Sämling unbekannter Eltern eine der schönsten gefüllt blühenden weißen Kamelien: Die vollkommen gefüllte Blüte in bezauberndem Porzellanweiß erreicht 10 cm, und 100 Petalen entfalten sich zu einem einzigen Blütenkunstwerk. Dazu ziert üppige glänzende hellgrüne Belaubung die straff aufrechtwüchsige Sorte. An niederschlagsgeschützten Standorten begeistert 'Morning Glow' Jahr für Jahr zuverlässig mit ihrer Blüte ab April.

'Mrs. Tingley'
Camellia japonica

J. H. Hinkson, USA, 1948. 8 cm groß ist die vollständig mit 60 Petalen gefüllte Blüte in silbrig hellem Lachsrosa. An sonnigen Standorten verblasst die Blume auffallend. Das hellgrüne dichte Laubwerk gewinnt im Schatten einen satteren Grünton, obwohl bei Dauerschatten der Blütenknospenansatz nicht befriedigt. Die Winterhärte dieser buschig wachsenden Sorte mit langer Blütendauer ist erwiesen.

Überaus edel ist 'Morning Glow'.

'Mrs. Tingley', eine Bilderbuch Kamelie.

Die schönsten Kamelien im Porträt

'Nuccio's Gem', das Nonplusultra.

Gartenperle: 'Nuccio's Pearl'.

'Nobilissima'
Synonyme: 'Superba Alba',
'Fujiyama', 'Fostine', 'Maman Cochet'
Camellia japonica

Kaum eine andere Kamelie bietet eine verwirrendere Herkunftsgeschichte als diese Sorte. Definitiv wurde sie in Europa erstmals 1834 in Belgien von Lefevre erwähnt. Anemonenförmig gefüllt, blüht die 7,5 cm große Blume in strahlendem Weiß. Wenige sichtbare gelbe Staubgefäße und der cremeweiße Petalengrund bewirken einen zauberhaft lichtgelben Schimmer der Blütenmitte. Dazu steht leicht gedrehtes mittelgrünes Blattwerk üppig an der locker aufrecht wachsenden Pflanze. Im Garten werden die ersten, oft im Januar erscheinenden Blüten vom Winterwetter verdorben. Dennoch ist 'Nobilissima' eine der bewährtesten weißen Kamelien unserer Gärten.

'Nuccio's Gem'
Camellia japonica

1967 entstand in Nuccio's Nurseries, USA, aus einem Zufallssämling die für viele Kamelienliebhaber »Schönste aller Weißen«. 10 cm groß ist die vollkommen gefüllte weiße edle Blüte. Oft stehen ihre wunderschön geformten Petalen in spiraliger Anordnung um das champagnerfarbene Blumenzentrum, das keine Staubgefäße zeigt. Hellgrünes Laub ziert die frohwüchsige Pflanze. Damit die schöne Blüte lange makellos wirken kann, sollte im Garten ein niederschlagsgeschützter Standort für 'Nuccio's Gem' gewählt werden.

'Nuccio's Pearl'
Camellia japonica

Nuccio's Nurseries, USA, brachten 1975 mit dieser Sorte eine in vielerlei Hinsicht überzeugende Gartenkamelie heraus. Vollständig mit 100 zugespitzten Petalen dicht gefüllt ist die 7 cm große Blüte, die in der Mitte weiß und am Rand hellrosa leuchtet. Dazu kommt der kompakt aufrechte Wuchs dieser mittelgrün dicht belaubten Sorte, deren vorzügliche Garteneignung durch unempfindliche Blüte gekrönt wird.

'Oki-No-Nami'
Camellia japonica

»Wellen in Aussicht« heißt der japanische Name dieser alten, vor 1710 entstandenen Sorte, deren 9 cm große Blume halbgefüllt blüht. 16 Petalen stehen in 3 Reihen um die gelbe Staubgefäßmitte. Die Farbigkeit der weißen bis blassrosafarbenen Petalen wird durch rote Aderung und fleckenhafte rote Streifung verstärkt. Auch gänzlich rote

Gartentaugliche Frühjahrsblüher

Petalen sind in dieser lebhaften Blüte keine Seltenheit. Leicht gewelltes mittelgrünes glänzendes Laub ziert die gut verzweigte, langsam aufrecht wachsende Pflanze. Eine rundum optimale Gartenkamelie, die ihre Qualität im Garten immer wieder beweist.

'Otome'
Synonyme: 'Frau Minna Seidel', 'Pink Perfektion', 'Pink Pearl', 'Uso-Otome' u.a.
Camellia japonica subsp. *rusticana*

»Mädchen« lautet die Übersetzung des japanischen Namens dieser hübschen Sorte aus dem späten 18. Jahrhundert. Hell lachsrosafarben mit Perlmuttschimmer erscheint die mit vielen Petalen vollständig gefüllte 6,5 cm große Blüte in kreisrund erblühter Form. Dazu ziert dichtes mittel- bis hellgrünes Blattwerk die straff-kompakt aufrecht wachsende Pflanze. Die oft früh einsetzende Blüte ist jedoch wetterempfindlich. Wirkliche Blütenschönheit der sonst gut gartentauglichen Sorte ist nur an sehr geschützten Standorten zu erleben. Weltweite Popularität brachten viele Synonyme zustande.

'Oki-No-Nami' im Garten.

'R. L. Wheeler'
Camellia japonica

Ein Sämling von unbekannten Eltern ergab bei Dr. W. G. Lee, USA, 1948 eine spektakuläre neue Kamelie. 13 cm groß ist die halbgefüllt bis unregelmäßig gefüllt blühende Sorte, bei der große äußere rosafarbene Petalen eine weite Mitte aus verwachsenen gelben Staubgefäßen mit vielen wehenden weißrosa

'R. L. Wheeler'

65

Die schönsten Kamelien im Porträt

Kamelie nostalgisch: 'Rubescens Major'.

Scheinpetalen umgeben. Ein Hauch von hellem Lachsrot schimmert in dieser Blüte. Das große steife blanke Blattwerk steht locker an der stark- und breitwüchsigen Pflanze. An warmen, nicht vollsonnigen Standorten ist 'R. L. Wheeler' eine zuverlässige Gartenkamelie.

Kamelie zauberhaft: 'Shiragiku'.

'Rubescens Major'
Camellia japonica

Diese Sorte ist 1886 in Nantes, Frankreich, entstanden und wurde von der Gärtnerei Guichard verbreitet. Rosenförmig vollständig gefüllt präsentiert sich die 10 cm große Blume in Purpurrot. Ihre breiten Petalen zeigen dunkle Aderungen. Nach völliger Blütenöffnung in Innenräumen wird eine gelbe Staubgefäßmitte sichtbar. Im Garten bleibt die Blüte von einer Petalenknospe gefüllt. Schöne dunkelgrüne gewölbte Belaubung ziert die buschig wachsende Sorte. Ab April beginnt die reiche Blüte dieser winterharten Sorte.

'Shiragiku'
Synonyme: 'Purity', 'Tamausagi', 'Gardenia', 'Neige d'Orée', 'Golden Snow' u.v.m.
Camellia japonica

1681 in Japan erstmals erwähnt, fand die »Weiße Chrysantheme« – so die Bedeutung ihres Namens – erst im späten 18. Jahrhundert den Weg in den Westen. 7,5 cm groß ist ihre markant gefüllte Blüte, in der viele blendend weiße Petalen in wundervoller Anordnung um eine kleine gelbe Staubgefäßmitte stehen. Cremegelb schimmert der Petalengrund. Nach sehr langer Einzelblütendauer rieseln die Petalen zu Boden. Die mittelgrüne Belaubung an der dicht verzweigt aufrechtwüchsigen Pflanze wirkt zierlich. Seit 12 Jahren beweist 'Shiragiku' in Norddeutschland hervorragende Gartentauglichkeit mit auffallend wetterfester weißer Blüte. Beliebt in der ganzen Welt, hat diese Kameliensorte viele Synonyme.

'Spring Festival'
Camellia-Hybride

1970 gewann T. Domoto, USA, aus einem Sämling der *Camellia cuspidata* diese großartige Sorte mit dem überaus passenden Namen. Nur 5,5 cm groß ist die hübsche, rein rosafarbene, rosenförmige gefüllte Blüte, aus deren Mitte wenige cremegelbe Staubgefäße ragen. Matt glänzendes, dunkelgrünes, 6,5 x 2,5 cm großes Blattwerk schmückt eine straff aufrechtwüchsige Pflanze. Nach der Blütezeit ist an sonnigen Gartenplätzen lebhafter rötlicher Neutrieb zu erkennen. Die Toleranz dieser überaus reichblühenden winterharten Sorte ist in jeder Hinsicht enorm.

Gartentaugliche Frühjahrsblüher

'Taiyo-nishiki'
Camellia japonica

Erstmals 1965 in Japan als alte Züchtung der Provinz Chubu beschrieben, hat der »Sonnen-Brokat« – so die Übersetzung des Namens – 8 cm große halbgefüllte Blüten. Dunkelrote Petalen mit kontrastreicher weißer Zeichnung stehen in 3 Reihen um eine große goldgelbe Staubgefäßmitte. Der aufwärtsgewellte Petalenrand bewirkt die bezaubernde Blütenform. Deutliche Aderung charakterisiert das tiefgrüne Blatt der breitbu-

Fantastisch lebhaft in jedem Garten: die klassische 'Tricolor'.

'Spring Festival'

schig wachsenden Sorte. Ab April beginnt die bis in den Juni anhaltende herrliche Blüte dieser zuverlässig harten Gartenkamelie.

'Tricolor'
Camellia Japonica

1829 brachte Franz von Siebold diese Sorte aus Japan erstmals nach Europa. 'Tricolor Siebold' wurde ihr gebräuchlicher Name. Der japanische Name lautet 'Ezo Nishiki' und steht in Europa für eine in mehrerlei Hinsicht schöne und kontrastreiche dreifarbige Blüte. 9 cm misst die halbgefüllte Blume mit ihren 14–20 Petalen, die sich becherförmig weit um eine goldgelbe Staubgefäßmitte öffnen. Die weißen Petalen haben mehr oder weniger lebhafte hellrote Bänder und Streifen. Einzelne Petalen können, wie auch einmal die gesamte Blüte, gänzlich rot erscheinen. Die mittelgrüne Belaubung steht etwas gedreht mit gezahntem Blattrand an kompakt aufrecht wachsender Pflanze. Seit vielen Jahren beweist 'Tricolor' zuverlässig Gartentauglichkeit in Deutschland.

67

Die schönsten Kamelien im Porträt

Wahrhaft olympisch: 'Wingster Olymp'.

'Wingster Olymp'
Camellia japonica

1988 blühte bei Peter Fischer in Wingst, Deutschland, erstmalig ein 7-jähriger Sämling der *Camellia japonica* 'Coronation'. Das Olympiajahr und der höchste Berg von Wingst, der »Deutsche Olymp«, standen Pate für den Namen dieser neuen Sorte. 12 cm groß ist die halbgefüllte weiße Blüte. In 2 Reihen stehen große Petalen in »Knitterseiden-Look« um goldgelben Staubgefäßkranz. Der herrliche Blüteneindruck wird durch Witterungseinflüsse kaum gemindert. Dazu zeigt die vitale breitwüchsige Pflanze mit dunkelgrünem großem Blattwerk hervorragende Gartentauglichkeit.

Herbstblüher

Alljährlich ab Ende September beginnt die reiche Blütezeit der *Sasanqua*-Kamelien und ihrer Verwandten. Ein herber Blütenduft zeichnet alle in diese Gruppe gehörenden Kamelien aus. Hinsichtlich Blütenfarben bieten diese Schönheiten das gleiche große Spektrum wie die populären übrigen Kamelien. Alle weiteren Merkmale weichen von diesen jedoch deutlich ab. So steht ihr dunkelgrünes, zierliches, hochglänzendes Blattkleid an grazil bogigen, fein behaarten Trieben, und reiche Blüte kann nur bei vollsonnigem Sommerstandort erwartet werden. Im Verblühen rieseln die Blumenblätter herab und verwandeln den Boden in einen Blütenteppich. Obwohl die Pflanzen selbst überwiegend winterhart sind, erfrieren bei früh einsetzenden Frösten alle bis dahin noch nicht erblühten Blumen.

Die duftige 'Beatrice Emily'.

'Beatrice Emily'
Camellia sasanqua

D. Brown gelang 1957 in Australien diese Kamelie mit 5 cm großen, unregelmäßig gefüllten weißen Blumen. Ein malvenrosa Hauch am äußeren Blütenblatt lässt diese haltbare Sorte duftig erscheinen. Ende Oktober beginnt die Blütezeit dieser überhängend wachsenden Kamelie.

'Bonanza'
Camellia sasanqua
subsp. *hiemalis*

Tom Dodd, USA, erzielte aus einem Sämling 1959 diese anemonenförmige, 8 cm großblumige Sorte mit tiefroter Blütenfar-

'Bonanza' im Garten.

be. Das dunkelgrüne Laub an der breit kompakt wachsenden Pflanze hat wenig Glanz. Die lange Blütezeit von Oktober bis Februar bei guter Haltbarkeit macht 'Bonanza' weithin begehrt.

'Cleopatra'
Camellia sasanqua

1934 aus Japan in die USA eingeführt, schmückt sich diese reichblühende schöne Sorte mit 6 cm großen halbgefüllten rosafarbenen, heckenrosengleichen Blüten. Das kleine, leicht verdrehte Blatt steht dicht an der ausladend wachsenden Pflanze.

'Crimson King'
Camellia sasanqua

Der »Purpurrote König« wurde 1937 aus Japan eingeführt und benannt. Purpurrot ist die halbgefüllte, 7 cm große Blüte mit leicht gedrehten, substanzreichen Petalen und leuchtend gelben Staubgefäßen. Das kleine, glänzend dunkelgrüne Laub und der breite dichte Pflanzenaufbau machen diese hübsche Japanerin jedoch auch ohne Blüte attraktiv.

'Jean May'
Camellia sasanqua

Ralph May, USA, erzielte 1951 aus einem Sämling eine 7 cm große, vollständig gefülltblühend, perlmuttrosafarbene Sorte. Starke Sonneneinstrahlung lässt ihre zarte Farbe verblassen. Die am Blattrand gezähnte Belaubung der breitbuschig wachsenden Pflanze präsentiert sich in frischem Apfelgrün.

'Mine-no-yuki'
Synonym: 'White Doves'
Camellia sasanqua

Diese alte in Japan vor 1890 entstandene Sorte hat mit ihrem Namen für Verwirrung gesorgt, zumal vier verschiedene *Camellia japonica* den gleichen Namen tragen, der übersetzt »Schnee auf dem Bergkamm« bedeutet. Die »Weißen Tauben« ('White Doves') ist westliches Synonym. Ab Oktober beginnt sich aus der rosa Knospe eine 5 cm große gefüllte weiße Blüte zu öffnen. Wenige Staubgefäße stehen zwischen Petalen der Blütenmitte. Zierlicher Pflanzenwuchs und tiefgrüne Belaubung tragen zu der großen Beliebtheit dieser reich blühenden klassischen Herbstkamelie bei.

'Cleopatra'

'Mine-no-Yuki'

Die schönsten Kamelien im Porträt

Die wundervolle 'Narumigata'.

'Narumigata'
Camellia sasanqua

Schon 1898 in Japan entstanden, hat diese großblumige, halbgefüllte Herbstkamelie immer noch weltweite Popularität. Aus der rosa Knospenhülle entfaltet sich die 8 cm große weiße Blütenschale mit goldenen Staubgefäßen. Die Petalenrückseite ist rosa gezeichnet. Die tiefgrüne schöne Belaubung kontrastiert an der wüchsigen Pflanze mit ihrer Vielzahl schneeweißer Blüten.

'Paradise Caroline'
Camellia sasanqua

1995 entstanden in Bob Cherry's Paradise Nurseries, Australien, mehrere ausgezeichnete neue Herbstkamelien-Varianten. 'Caroline' besitzt eine leuchtend purpurrote, anemonenförmige, 8 cm große Blüte. Der äußere Petalenrand ist gebuchtet, viele schmale Mittelpetalen ergeben die gefüllte Blume. Die kompakt aufrecht wachsende Sorte zeigt schöne dunkelgrüne Belaubung.

'Paradise Blush'
Camellia sasanqua

1995 von Bob Cherry in Australien entwickelte Sorte, deren rosarote Knospen sich zu 5 cm kleinen, seerosenförmigen weißen Blüten mit rosa Petalenspitzen öffnen. Vollständig geöffnet, präsentiert sie sich schließlich weiß mit cremefarbiger Mitte. Auch der zierliche, dichtbuschige Wuchs dieser hübschen kleinlaubigen, reichblühenden Sorte begeistert.

'Paradise Pearl'
Camellia sasanqua

Bob Cherry, Australien, 1994. Nur 5 cm groß ist die gefüllte weiße Blüte mit cremegelber

Großblumige Herbstschönheit: 'Paradise Caroline'.

Bob Cherry's aparte 'Paradise Petite'.

Herbstblüher

Rosa Herbstschmetterling: 'Plantation Pink'.   'Rainbow', eine mehrfarbige zarte Schönheit.

Mitte und rosa behauchten Petalenenden. Nahezu zwergig wirken der Wuchs und das kleine schmale Blatt.

'Paradise Petite'
Camellia sasanqua

Mit dieser Sorte schuf Bob Cherry, Australien, 1994 eine weitere wundervolle »Kamelien-Miniatur« mit locker anemonenförmiger, apart rosafarbiger Blüte. Ende September beginnt die reiche Blütezeit dieser schönen kleinwüchsigen Sorte.

'Paradise Sayaka'
Camellia sasanqua

Die Begeisterung für diese 1995 von Bob Cherry erzielten Kamelie beruht vor allem auf ihrer zweifarbig wirkenden Blume. Nur 5 cm groß, ist sie halbgefüllt und öffnet sich rosengleich. Der anfänglich leuchtend pinkfarbene Petalenrand verblasst bis zum vollständig geöffneten Blütenzustand in einen Rosaschimmer. Die kleine Blütenmitte erscheint nun lichtgelb. Aufrecht langsam ist der buschige Wuchs.

'Plantation Pink'
Camellia sasanqua

E. G. Waterhouse, Australien, züchtete 1948 diese heute weltweit populäre Kamelie. Leuchtend rosafarben präsentiert sich die 8 cm große Blüte mit goldgelben Staubgefäßen, und durch die dunkelgrüne Belaubung gewinnt die halbgefüllte schalenförmige Blume noch mehr Leuchtkraft. Der Pflanzenwuchs ist kräftig aufrecht.

'Rainbow'
Camellia sasanqua

Aus einer Sämlingsselektion in Nuccio's Nurseries, USA, 1954 entstandene Sorte. Die 6 cm große einfache Blüte mit ca. 9 weißen und rosarot gerandeten Petalen sowie die gelbe Staubgefäßmitte unterstreichen den farbenreichen Eindruck dieser Kamelie. Die alljährlich reiche Blüte an der kräftig aufrecht wachsenden Pflanze setzt ab September ein und hält oft bis weit in den Februar an. Mit lange andauernder Blühperiode begeistern alle älteren Exemplare.

Die schönsten Kamelien im Porträt

Monatelang »Milchstraße« auf Erden mit 'Star Above Star'.

'Star Above Star'
Camellia sasanqua subsp. *vernalis*

In McCaskill Gardens, USA, entstand 1963 diese außergewöhnliche Kamelie. Viele übereinander stehende, stark gewölbte, spitz zulaufende Petalen lassen die 10 cm große, weiße, halbgefüllte Blume wie in der Tat »Sterne über Sterne« erscheinen. Das zarte Rosa an Knospe und Petalenrand verliert sich beim Verblühen. Von November bis März dauert die lange Blütezeit. Das 7 x 2 cm große Blatt harmoniert mit der elegant ausladenden Wuchsform.

'Setsugekka'
Camellia sasanqua

»Schnee, Mond und Blumen« bedeutet der japanische Name dieser um 1920 entstandenen und weltweit beliebten Sorte.

Fast 10 cm groß ist die rein weiße Blüte mit den gelben Staubgefäßen, deren gewellte große Petalen sich krepppapiergleich entfalten. Auch die schöne Belaubung und Wüchsigkeit erfreuen das Auge.

Schöne Advent-Kamelie: 'Yuletide'.

'Sparkling Burgundy'
Camellia sasanqua subsp. *hiemalis*

Der Züchter R. Casadaban, USA, ließ sich 1959 diese Sorte patentieren. Die 9 cm große päonienförmige Blüte in glühendem Purpurrosa erscheint an der reichblühenden, flach kompakt wachsenden Pflanze nicht selten schon im August in verschwenderischer Üppigkeit.

'Yuletide'
Camellia sasanqua subsp. *vernalis*

Diese 1962 von Nuccio's Nurseries, USA, gezüchtete Sorte wird in der ganzen Welt als eine der schönsten roten Sasanquas gefeiert. Nur 6 cm groß ist die einfache »glühend« rote Blüte mit gelben Staubgefäßen und schalenförmigen Petalen. Dazu kommt glänzendes tiefgrünes, 4 cm großes Blattwerk, das dicht an der langsam buschig aufrecht wachsenden Pflanze sitzt. Blütebeginn ab November.

Winterblüher

Das Verfrühen wie auch das Verspäten von Blütezeiten bedarf bei Kamelien großer Kenntnisse und führt oft dennoch nicht zum gewünschten Ergebnis. Trotzdem sind Robustheit und Sensibilität bei Kamelien kein Widerspruch. Helle und kalte Wintergarten-Standorte bieten diesen Pflanzen optimale naturnahe Bedingungen. Und dort dürfen Sie mit Recht traumhafte Schönheit von hier ausgewählten Winterblühern erwarten.

'Alice Wood'
Camellia japonica

Mrs. A. Wood in Kalifornien, USA, züchtete 1959 diese Sorte mit 12 cm großen, leuchtend roten, vollständig gefüllten Blüten. Das große dunkelgrüne Blatt passt zu dem starken aufrechten Wuchs dieser schönen, etwas raumgreifenden Kamelie.

'Barbara Clark'
Camellia saluenensis × *C. reticulata*

P. Doak in Neuseeland brachte 1958 diese schöne Hybride heraus, die seither weltweit Popularität gewann. Leuchtend rosa präsentiert sich die 9 cm große halbgefüllte Blume, und wohlproportionierte Belaubung und Wuchs machen diese Sorte zu einer attraktiven Kübelpflanze. Ab Januar setzt eine lang andauernde Blühperiode ein. Keine zuverlässige Winterhärte.

'Bokuhan'
Synonym: 'Tinsie'
Camellia japonica

Nur 6 cm groß ist die auffällige, ab Februar beginnende einfache rote Blüte mit weißer Petaloidmitte dieser Kamelie, die 1719

Auch hexagonal großartig: 'Alice Wood'.

Das Blütenwunder 'Barbara Clark'.

Die schönsten Kamelien im Porträt

'Bokuhan', seltene japanische Schönheit von unverwechselbarem Aussehen. Ihre kontrastreiche Blütenfarbe trägt in aller Welt zu ihrer großen Popularität bei.

'Botanyuki', eine der zauberhaftesten Kamelien überhaupt. Unvergleichbar ihre Blütenfarbe, die vom Erblühen bis zum endlichen Verblühen mit lebhaften Apricot-Nuancen überrascht.

erstmals in Japan erschien. Die schmale, hochglänzende, dunkelgrüne Belaubung passt hervorragend zu einer mäßig verzweigten aufrecht wachsenden Pflanze. Trotz langer Existenz ist 'Bokuhan' immer noch eine rare Schönheit der Kamelienwelt.

'Botanyuki'
Camellia japonica subsp. *rusticana*

»Schneepäonie« bedeutet der Name dieser 1967 in Japan entstandenen Sorte, bei der aus pfirsichfarbener Knospe eine 8 cm große päonienförmige cremeweiße Blüte entsteht. Die mit Petaloiden gefüllte Mitte erscheint durch wenige Staubgefäße gelblich. Eine dichte sattgrüne Belaubung an der gut verzweigt, langsam aufrecht wachsenden Pflanze fügt sich mit der auffallend schönen Blütenfarbe zu einer vollkommenen Kamelie. Die im Februar einsetzende Blüte dauert sehr lange. Auch als Schnittblume ist diese Kamelie ausgesprochen haltbar.

'Dahlohnega'
Camellia japonica

1983 gelang W. F. Homeyer in Georgia, USA, aus *C. japonica* ('Whitman's Yellow' × [Sämling × ('Elisabeth Boardman' × 'Colonial Lady')]) eine spektakuläre Kamelienzüchtung. Die perfekte zart-kanariengelbe, edel gewölbte gefüllte Blüte von 7,5 cm Größe erscheint mit ihren 85 Petalen und 21 schmalen Mittelpetalen wie ein Kunstwerk. Glänzende dunkelgrüne, 10 cm große Belaubung unterstreicht die Schönheit dieser kompakt aufrecht wachsenden Kamelie, deren Blütezeit Ende Februar beginnt.

'Dr. Clifford Parks'
Camellia reticulata × *C. japonica*

1970 entwickelte Dr. C. Parks, USA, diese starkwüchsige Hybri-

Winterblüher

'Dr. Clifford Parks'

'Easter Morn'

de mit 15 cm großen substanzvollen orangefarben schimmernden roten Blüten. Die anemonenförmige Blume mit ihren goldgelben Staubgefäßen ähnelt so mancher weiterer *Reticulata*-Sorte. Auch das 15 cm große Blatt mit gesägtem Rand deutet auf *Reticulata*-Vorfahren hin. Schon im Januar beginnt die eindrucksvolle Blütezeit dieser Sorte, die ohne Rückschnitt nach 10 Jahren 2 m misst.

'Easter Morn'
Camellia japonica

Dr. C. C. Wright in Kalifornien, USA, ist der Züchter dieser Sorte von 1964. Breit aufrecht, mit hochglänzender, großer gewölbter, dunkelgrüner Belaubung, bietet 'Easter Morn' eine ansehnliche Pflanzengestalt. Die 8 cm erhabene und 13 cm große päonienförmige Blüte zeigt Staubgefäße in ihrer Mitte. Als »Babyrosa« bezeichnet das Internationale Kamelien-Register den warmen Blütenfarbton.

'Ella Ward Parsons'
Camellia japonica

1966 als Sämling in Virginia, USA, bei Dr. Habel entstanden, schmückt sich diese Sorte mit vollständig gefüllten rosenförmigen Blüten, weißgrundig mit orchideenrosafarbener Schattierung am Blütenblattrand. Die starke Gefülltheit der Blume sichert lange Einzelblütendauer. Schöne Belaubung entschädigt bei dieser edlen Sorte für den nicht optimalen lockeren Wuchs.

'Extravaganza'
Camellia japonica

Harvey Short, einer der großen amerikanischen Kamelienexperten, erzielte 1957 aus einem Sämling der weiß blühenden 'Lotus' mit unbekanntem »Vater« eine neue Kamelie mit ausgesprochen zutreffendem Namen.

Die anemonenförmige, 13 cm große Blüte ist weißgrundig mit kontrastreichen roten Streifen und Markierungen auf den Blütenblättern. Goldgelbe Staubgefäße in der Blütenmitte sind nur teilweise sichtbar. Die mittelgroße glänzende dunkelgrüne Belaubung schmückt die kräftig aufrecht wachsende Sorte, deren Blütezeit von Weihnachten bis März reicht.

'Extravaganza'

75

Die schönsten Kamelien im Porträt

Traumhafte Kamelien-Blütenschönheit: 'Hanafuki'.

'Francie L.'
C. saluenensis × C. reticulata

Ed Marshall in Huntington Gardens, USA, entwickelte 1960 diese beeindruckende *Reticulata*-Hybride. 13 cm misst die leuchtend rosarote halbgefüllte Blüte mit ihren hochgewellten Petalen und gelber Staubgefäßmitte. Das große und schmale, oft nach unten geneigte Blatt sowie der etwas steife und starke Wuchs mindern den großartigen Gesamteindruck nur gering.

'Grace Albritton'
Camellia japonica

1967 von A. D. Albritton, USA, gezüchtet. Die vollständig ge-

'Francie L.'

füllte 7 cm große Blüte besitzt ca. 60 perfekt geformte Petalen in zartem Rosa. Der Petalenrand wiederum ist gesäumt von feinen dunkelrosa Streifen. Das dunkelgrüne dichte Blattwerk misst 7 x 3,5 cm. Buschig aufrecht ist der Wuchs. Erst Ende Februar beginnt die sich jährlich in Reichtum steigernde Blüte.

'Hanafuki'
Syn. 'Mrs. Howard Asper'
Camellia japonica

In Japan entstand 1932 diese »Blume von Reichtum und Ehre« – so die wörtliche Namensübersetzung. In Farbe und Form außergewöhnlich präsentiert sich die große, hell lachsrosafarbene halbgefüllte Blüte, deren leicht kreppkrause Petalen wie ein nach außen gewölbter Becher um weiß getüpfelte goldfarbene Staubgefäße stehen. Glänzende Blätter an kräftig aufrecht wachsenden Trieben tragen zum schönen Gesamtbild der Sorte bei.

'Jury's Yellow'
Camellia × williamsii

Les Jury in Neuseeland gewann 1971 aus der Kreuzung ([*C. saluenensis* × *C. japonica* 'Daikagura'] × *C. japonica* 'Gwenneth Morey') eine bemerkenswerte neue Kameliensorte. Die anemonenförmige, 8 cm große Blüte verbindet flach ausgebreitete weiße Petalen und eine lichtgelbe, dichte, petaloidgefüllte

Winterblüher

Mitte mit vereinzelten gelben Staubgefäßen. Manchmal schimmert diese Blütenmitte auch aprikosenfarbig. Dichtes hellgrünes, leicht wellig gewölbtes Blattwerk rundet den guten Gesamteindruck der kompakt aufrecht wachsenden Pflanze ab. Von Weihnachten bis März dauert eine reiche Blütezeit an. Als Gartenpflanze ist 'Jury's Yellow' allerdings nur in absolut milden Regionen geeignet.

'Jutta'
Camellia japonica

1986 erzielte P. Fischer in Wingst, Deutschland, aus der Kreuzung C. japonica 'Mrs. D. W. Davis' × C. japonica 'Adolphe Audusson' eine 13 cm großblütige halbgefüllte Kamelie mit vielen gefalteten Innenpetalen, die rein hellrosa blüht. Dunkelgrüne große Belaubung schmückt die großwüchsige Pflanze.

'Margaret Davis'
Camellia japonica

A. M. Davis, Australien, gewann aus einem Sport der 'Aspasia Macarthur' 1961 diese auffallend neue Sorte. 8 cm groß ist die päonienförmig gefüllte creme-weiße Blüte, deren gewellter Petalenrand einen rosaroten Saum aufweist. Sattgrüne Belaubung und aufrechter Wuchs machen sie zu einer ausgezeichneten Kübelpflanze im Wintergarten.

'Maroon and Gold'
Camellia japonica

1960 entstand in Nuccio's Nurseries, USA, diese nur 6 cm groß, tiefrot anemonenförmig blühende Sorte mit goldenen Staubge-

'Maroon and Gold'

'Margaret Davis'

77

Die schönsten Kamelien im Porträt

'Mrs. D. W. Davis', als Kamelienschönheit kaum zu übertreffen.   Außergewöhnlich: die dahlienartige 'Orandako'.

fäßen in der gefüllten Blumenmitte. Die dunkelgrüne schöne Belaubung steht an einer buschigen, langsam aufrecht wachsenden Pflanze mit überreicher Blüte.

'Matterhorn'
Camellia japonica

David Feathers, der berühmte amerikanische Kamelienzüchter, erzielte aus einem Sämling der Goldfisch-Kamelie diese Sorte, deren Name uns sehr vertraut klingt. Die schneeweiße, 8 cm große Blüte begeistert mit über 80 in perfekter Anordnung stehenden Petalen. Glänzend grüne Belaubung und gefällig aufrecht buschiger Wuchs kombinieren sich bei dieser nicht gartentauglichen Sorte zu einer Kübelpflanze, wie sie schöner nicht sein könnte.

'Mrs. D. W. Davis'
Camellia japonica

D. W. Davis, USA, brachte 1951 mit dieser Sorte gleichzeitig die Symbolblüte der Internationalen Kameliengesellschaft (ICS) hervor. Tatsächlich lässt sich kaum eine schönere Kamelie erträumen. 16 cm groß ist die wundervoll halbgefüllte hauchzartrosa Blüte, bei der elegant hochgeschwungene substanzreiche Petalen die regelrecht sprühende gelbe Staubgefäßmitte umgeben. Häufig sind Staubgefäße zu kleinen aufgesetzten weißen Petaloiden umgebildet. Reinweiß fallen die schweren verblühten Blumen ab. Das 13 cm große Blatt harmoniert mit der offenen starken Wuchsform.

Winterblüher

'Nuccio's Jewel'
Camellia japonica

1978 entstand in Nuccio's Nurseries in Kalifornien, USA, diese lebhafte Sorte mit 8 cm großer, locker päonienförmiger Blüte. Die zur Mitte gewellten Petalen sind weißgrundig mit äußeren orchideenrosa Schattierungen. Teilweise verdeckte goldene Staubgefäße tragen zum (juwelen)funkelnden Blumeneindruck bei, der obendrein manchmal von leichtem Duft gekrönt wird. Auch attraktive Belaubung und dicht buschiger, langsamer Wuchs zeichnen diese Kamelie aus.

'Orandako'
Synonym: 'Klein Holland'
Camellia japonica

Unbestritten japanischer Herkunft ist diese legendenumwobene Kameliensorte, deren Name übersetzt »Klein Holland« bedeutet. 1570 wurde sie erstmals in Japan erwähnt, 1733 in Portugal. Heute bewundern wir weltweit die purpurrote, vollständig gefüllte, 6 cm große Blüte dieser Sorte. Jede ihrer dicken zugespitzten Petalen wird von einem weißen Mittelstreifen durchzogen. Der straff aufrechte Wuchs schafft für diese interessante Sorte kaum Raumprobleme.

'Prima Ballerina'
Camellia japonica

1983 von Nuccio's Nurseries, USA, gezüchtet. 10 cm groß ist die wundervoll geformte halbgefüllte Blüte. Aus der rosa Knospe entfaltet sich krepppapiergleich eine weiße Blume mit orchideenrosa schimmernden äußeren Petalen. Die goldenen Staubgefäße sind von hochstehenden Petalen umgeben. Dazu schmückt herrliche Belaubung diese sehr kompakt wachsende Sorte.

'Royal Velvet'
Camellia japonica

Mit der Züchtung dieser Kamelie gelang Nuccio's Nurseries 1983 ein weiterer großer »Wurf«. Die 11 cm große halbgefüllte Blüte mit samtig erscheinenden Petalen scheint in tiefem Rot zu leuchten. Dieser Eindruck wird von der gelben Staubgefäßmitte noch verstärkt. Hochglänzende dunkelgrüne Belaubung hat diese kräftig aufrecht wachsende Sorte.

'Prima Ballerina'

'Royal Velvet'

Die schönsten Kamelien im Porträt

Die herrliche 'Ryuge'.

'Ryuge'
Camellia japonica

Dr. Andoh in Japan züchtete 1971 diese Sorte. Aus einer edelrosengleichen perlmuttrosa Knospe entwickelt sich die 12 cm große halbgefüllte weiße Blüte. Die sich knitterseidenartig entfaltenden Petalen umgeben eine gelbe Staubgefäßmitte. Der kräftige aufrechte Wuchs dieser schön belaubten Kamelie setzt ausreichend Raum voraus. 'Ryuge' ist eine ideale Stamm-Kamelie.

'San Dimas'
Camellia japonica

Clark Thomas, USA, brachte 1966 mit der Züchtung dieser Sorte eine bisher unübertroffene neue Blütenfarbe hervor. Tief orangerot präsentiert sich die schön geformte halbgefüllte, 10 cm große Blüte mit üppiger goldener Staubgefäßmitte.

'San Dimas' begeistert in jeder Hinsicht.

Dazu ziert sehr dunkelgrünes hochglänzendes Blattwerk die aufrecht wachsende wunderbare Sorte.

'Tom Thumb'
Camellia japonica

A. Kreuger in Kalifornien, USA, züchtete 1964 diese farblich in-

Winterblüher

'Tom Thumb'

teressante neue Kamelie. Die nur 5,5 cm große, vollständig gefüllte rosa Blüte zeigt an jeder ihrer 70 Petalen ein umrandendes weißes Band. Die Belaubung der langsam aufrecht wachsenden Sorte ist rundlich oval und von mittlerer grüner Farbe.

'Tomorrow's Dawn'
Camellia japonica

Als einen der vielen Sports von 'Tomorrow' haben L. W. Ruffin und R. E. Allims, USA, 1960 diese Sorte herausgebracht. 20 Petalen hat die 13 cm große, unregelmäßig gefüllte Blüte, deren Staubgefäße von vielen hochstehenden Petaloiden versteckt werden. Die himbeerrote Blütenfarbe mit streifig weiß auslaufendem Blütenblattrand wirkt attraktiv. Üppige große Belaubung und starker breiter

Wuchs runden das imposante Gesamtbild ab.

'Tristrem Carlyon'
Camellia-Hybride

Gillian Carlyon in Cornwall, England, kreuzte *C. japonica* 'Rosea Simplex' mit der Hybride 'Salutation'. Daraus ging 1972 die rubinrot blühende neue Sorte hervor. Die 10 cm große, päonienförmig gefüllte Blüte von langer Haltbarkeit beginnt im Januar. Jährlich reicher Blütenknospenansatz, wohlproportionierter Pflanzenaufbau und elegantes Blattwerk machen diese nicht winterharte Kamelie zur begehrten Wintergartenpflanze.

'Yume'
Camellia-Hybride

Dr. Hagiya, Japan, erzielte aus der Kreuzung von *Camellia yuhsienensis* × *C. sasanqua* 'Shishi Gashira' diesen »Traum« – so nämlich die wörtliche Übersetzung des japanischen Namens. Die einfache, 6 cm große Blüte zeigt rosa und weiße Petalen im heiteren Wechsel um eine hellgelbe Staubgefäßmitte. Dazu verströmt diese einzigartige Blüte, die schon ab November beginnt, leicht herben Duft. 6 cm lange zugespitzte Blätter schmücken die grazil aufrecht wachsende Pflanze. Gartentauglichkeit hat diese junge Schönheit noch nicht beweisen können.

Weltweiten Favoritenstatus genießt 'Tomorrow's Dawn'.

81

Die schönsten Kamelien im Porträt

Duftende Kameliensorten

Beim Anblick edler Blüten neigt sich die menschliche Nase unweigerlich auf deren duftend erscheinendes Blumenzentrum zu. Allzu oft indes wendet man sich enttäuscht wieder ab, weil es eben nichts zu schnuppern gibt. Auch bei Kamelien erfüllt sich in den meisten Fällen die Dufterwartung nicht. Dabei enthalten alle Kamelien-Wildarten in ihren Blüten ätherische Öle. Das Handicap des Duftstroms bei Kamelien sind niedrige Temperaturen. Düfte aus ätherischen Ölen können erst ab +10 °C Luft-

'Cinnamon Cindy'

Wahre Blütenkaskaden bringt das zierliche 'Duftglöckchen' hervor.

temperaturen transportiert und folglich wahrgenommen werden. In der Kamelienzüchtung gewinnt der Aspekt Duft immer mehr Bedeutung. Wo dieses wichtige Thema schon heute erfolgreich umgesetzt ist, zeigen folgende Sortenbeschreibungen.

'Cinnamon Cindy'
Camellia lutchuensis-Hybride = *C. japonica* × *C. lutchuensis*

Schon um Weihnachten beginnen sich die ersten Blüten zu öffnen, um ihren zimtig-süßen Duft zu verströmen. Die 5 cm

Duftende Kameliensorten

große päonienförmige weiße Blüte enthält nur wenige Staubgefäße. Ihre äußeren Blütenblätter zeigen einen Rosahauch, der sich bei vollständiger Blütenöffnung verliert. Ganzjährig ziert lichtes hellgrünes, 5 x 3 cm großes Blattwerk diese feintriebig buschig aufrecht wachsende Pflanze, die 1974 von Dr. W. Ackerman, USA, gezüchtet wurde.

'Duftglöckchen'
Camellia lutchuensis-Hybride = *C. japonica* 'Bokuhan' × *C. lutchuensis*

Peter Fischer brachte 1990 diesen »Geschwister-Sämling« von 'Scented Gem' heraus: Einfache kleine rosa glockenförmige Blüten mit hellgelber Staubgefäßmitte mit herrlichem Honigduft geben dieser reichblühenden Sorte ihren Namen. Die frohwüchsige Pflanze mit grazilem, bogig ausladendem Geäst hat 2 x 5 cm große dunkelgrüne Belaubung, und der lebhafte braunrote Neuaustrieb nach Blütezeitende im April bringt erneut Farbwirkung. 'Duftglöckchen' vermag den Wintergarten mit wundervollem Aroma zu füllen. Selbst kurzfristige Fröste bis −10 °C verträgt diese Sorte.

'Fragrant Pink'
Camellia rusticana × *C. lutchuensis*

Diese schon 1966 von Dr. W. Ackerman gezüchtete Hybride mit 5,5 cm großer, dunkelrosa, leicht »unordentlicher« päonienförmiger Blüte verströmt süßen Osmanthus-Duft. Selten vor März beginnt die lange anhaltende Blütezeit, wohl durch die reiche Blumengefülltheit begründet. Die hellgrüne Belaubung, 6 x 4 cm groß, ist gezähnt. Breit aufrecht ist der kompakte Wuchs dieser nicht winterharten Sorte.

'High Fragrance'
Camellia-Hybride

J. R. Finlay in Neuseeland entwickelte diese Hybride 1985. Der Wuchs ist kräftig locker, die 7,5 x 4,5 cm großen Blätter präsentieren sich dunkelgrün. Mit 10 cm Durchmesser ist die päonienförmige Blüte, blassrosa mit dunkler rosafarbendem Blütenblattrand, eine großblumige Duft-Kamelie. Der unbeschreibliche, schwere intensive Duft der *Camellia lutchuensis* kommt in dieser Hybride voll zur Geltung. Blütenreichtum stellt sich erst nach Jahren ein. Vermutlich keine Winterhärte in deutschen Gärten.

'High Fragrance'

'Minato-no-akebono'
Camellia-Hybride

1989 entstand »Morgenröte im Hafen« – so der übersetzte Name dieser japanischen Züchtung – aus einem Sämling der *Camellia lutchuensis* × *Camellia japonica*. Nur 3 cm groß sind ihre sich weit öffnenden einfachen rosa Blüten mit roter Aderung im Blütenblatt und zitronengelber Staubgefäßmitte. Diese reichblühende Sorte besitzt einen feinen, süßlichen Duft. Die zierliche kleine Belaubung harmoniert mit dem aufrechten, elegant überhängenden Wuchs. Nur bis maximal −10 °C gartentauglich.

Die schönsten Kamelien im Porträt

'Nioi-Fubuki'
Camellia japonica

Dr. Andoh in Japan schuf 1971 mit dem »Duftenden Schneesturm« (so die wörtliche Übersetzung des japanischen Namens) eine Sorte, die zu den Higo-Kamelien gehört und somit gleiches Erscheinungsbild und gleich gute Winterhärte bietet. Die offene, 8 cm große flache weiße Blüte bezaubert mit einem leichten Rosahauch und hin und wieder einzelnen schmalen roten Streifen im Blütenblatt. In der gelben Staubgefäßmitte findet man häufig eine große Anzahl schmaler Scheinblütenblätter.

Nur an milden Frühjahrstagen ist ein auffallender süßlich fruchtiger Duft zu vernehmen, der im Wintergarten um Nuancen verstärkt wirkt. Die buschig aufrecht wachsende Sorte schmückt sich mit mittelgroßer glänzend dunkelgrüner Belaubung.

'Quintessence'
Camellia-Hybride

Seit diese von J. C. Lesnie, Neuseeland, erzielte Kreuzung eines *C. japonica*-Sämlings × *C. lutchuensis* 1980 erstmalig blühte, feiert die Kamelienwelt diese großartige Neuzüchtung. Der langsame, breit ausladende bis überhängende Wuchs dieser Sorte kommt in einem Ampeltopf zur vollen Geltung. Das 6 x 3 cm große mittelgrüne Blatt mit leichtem Glanz steht flach ausgebreitet am feinen, bogig wachsenden Geäst. Aus einer rosa Knospe entwickelt sich eine 5 cm weiße flache Blütenschale aus 7 Blütenblättern mit gelben Staubgefäßen und weißen Filamenten. Der reichliche Blütenknospenbesatz sichert trotz relativ kurzer Einzelblütendauer eine lange Blühsaison mit honigsüßem Duft. Im frostfreien Wintergarten ein absoluter Star, als Gartensorte jedoch ungeeignet.

'Nioi-Fubuki' ist eine untypische Higo-Kamelie mit fruchtigem Duft.

'Scented Gem'
C. lutchuensis × *C. japonica*

Diese 1982 von T. Domoto, USA, gezüchtete Hybride lässt in ihrer Blüte die Herkunft des Elternteils *C. japonica* 'Bokuhan', wenn auch kleinen, wiedererkennen. Fuchsienrosa präsentiert sich die nur 3 cm große einfache Blüte, deren Mitte voller weißer Petaloiden steht und damit der Blume eine lebhafte Erscheinung gibt. Zudem zeichnet lange Haltbarkeit die intensiv süßlich duftende Blüte aus. Der Wuchs ist etwas steif aufrecht. Die schma-

Duftende Kameliensorten

le kleine Belaubung steht nicht sehr dicht. Dieser früh blühende »Duftende Edelstein« muss frostfrei überwintert werden.

'Scentuous'
Camellia-Hybride

J. R. Finlay in Neuseeland erzielte 1976 aus der Kreuzung von *C. japonica* 'Tiffany' × *C. lutchuensis* eine neue halbgefüllte, stark duftende Kameliensorte. Die verdrehten Blütenblattränder lassen die 7 cm große weiße Blume mit Rosahauch an der Petalenrückseite fast gefülltblühend erscheinen. Der intensive unverkennbare *Lutchuensis*-Duft ist bei dieser Sorte deutlich zu erschnuppern. Die hellgrüne, 5 x 2,5 cm große Belaubung steht dicht an der wüchsigen Pflanze, die in wintermilden Gegenden gartentauglich ist. Selten vor April setzt dort ihre Blütezeit ein.

'Souza's Pavlova'
Camellia-Hybride

Eine spektakuläre Züchtung gelang J. R. Finlay aus Neuseeland 1984 mit der Kreuzung von *Camellia japonica* 'Nioi-fubuki' × *Camellia*-Hybride 'Scentuous'.

Winzling mit großem Duft: 'Scented Gem'.

Das 8 x 4,5 cm große dunkelgrüne Laub an der kräftig aufrecht wachsenden Pflanze steht dicht. Die 10 cm große päonienförmige Blüte in reinem Rosa hat bei edler Form viel Substanz und verbreitet ein intensives Parfüm von unbeschreiblicher Note. Kurzfristige Fröste bis −10 °C werden überstanden, eine Garteneignung ist bisher nicht erprobt.

'Souza's Pavlova', in Blütenschönheit und Duft unübertroffen.

85

Die schönsten Kamelien im Porträt

Bonsai-Kamelien

Die Kultur der Bonsai hat in Japan auch mit Kamelien eine sehr lange Tradition. Als lebendes Kulturgut dürfen echte Kamelien-Bonsais nicht exportiert werden. Diese wertvollen Zwergbäume sind immer Higo-Kamelien, d. h. Sorten aus der gleichnamigen Provinz, die heute Kumamoto heißt.
Bonsai-Liebhaber im Westen werden häufig mit auf alt getrimmten Kamelien versorgt, deren »Bonsai-Outfit« durchaus akzeptabel ist. Erfahrene und geduldige Bonsai-Gärtner erziehen sich mit einigem Kamelienverstand ihren Bonsai freilich selber. Jede Sorte kann geeignet sein. Folgende Beschreibungen enthalten Sorten, die natürliche Vorzüge in Wuchs und Blüte haben.

Das Flair der japanischen Bonsaikultur versprüht die zauberhafte 'Okan'.

'Okan'
***Camellia japonica*-Higo-Gruppe**

Diese Higo-Kamelie entstand 1989 in Japan als Sport von 'Higo-yamato-nishiki'. Langsamer, leicht bizarrer Wuchs und vergleichsweise kleines Laub bieten Bonsai-Vorzüge. Die typische sich weit öffnende große weiße Blüte mit ausgebreiteter goldgelber Staubgefäßmitte besitzt einen karminroten, unregelmäßig auslaufenden Blütenblattrand. Häufig fällt die Blüte dieser raren Sorte nicht beständig typisch aus. Der rote Blütenblattrand wandelt sich dann in Rotgestreiftheit um.

'Paradise Baby Jane'
Camellia sasanqua

1995 brachte Bob Cherry in Australien eine große Anzahl neuer Kameliensorten heraus und stellte sie wegen ihrer Besonderheiten unter Sortenschutz. »Paradise Camellias« haben ein Patent, das vergleichbar ist mit den geschützten Rosensorten bei uns. In anderen Worten: Nachbau ohne Lizenz verboten! 'Baby Janes' Vorzüge als Bonsai-Kamelie liegen auf der Hand: Das kleine zierliche Blatt passt perfekt zur relativ schwach wachsenden, sich gut verzweigenden Pflanze. Die ab Oktober zahlreich erscheinenden halbgefüllten zartrosafarbenen, 6 cm großen Blüten werden beim Verblühen fast weiß. Um den Bonsai klein und vielverzweigt zu halten, kann nach der Blüte jährlich zurückgeschnitten werden.

'Shishigashira'
Camellia sasanqua
(Untergruppe *Camellia* × *hiemalis*)

Bei dieser Sorte handelt es sich um eine Naturhybride, also keine echte *Sasanqua*-Kamelie. Eine sehr frühe Blüte, oft schon ab September, zeichnet *Hiemalis*-Kamelien aus. »Löwenkopf« ist die übersetzte Bezeichnung dieser 1894 in Japan erschienenen Sorte. Die mittelgroßen halbgefüllten bis päonienförmigen rosaroten Blumen verblühen abrieselnd. Das hochglänzende sattgrüne Laub steht sehr dicht an den sich fast waagerecht ausbreitenden Ästen. Diese natürliche Wuchsform macht diese Pflanzen besonders bonsaigeeignet. Ihre Blühwilligkeit wird durch vollsonnige Standorte gefördert.

'Silverado'
Camellia sasanqua

Namensgebend für diese 1986 in Nuccio's Nurseries, USA, entstandene Sorte war die ungewöhnliche Belaubung dieser herbstblühenden Kamelie: Das nur 4 cm lange und 1 cm breite Blatt weist nämlich eine silbrige, sandpapierraue Oberfläche auf. Der Blattneuaustrieb ist dagegen rotbraun. Die 6 cm große einfache weiße Blüte besitzt einen rosafarbenen Blütenblattsaum. Zierliches, sehr gefälliges schwaches Wachstum schafft ohne Zutun ideale Bonsai-Voraussetzungen.

'Snippet'
Camellia pitardii

Mrs. A. B. Durrant in Neuseeland erzielte 1971 aus einem Sämling der *Camellia pitardii* var. *pitardii* diese außergewöhnlich schöne zwergwüchsige Sorte. Die halbgefüllte, 5 bis 6 cm große Blüte hat einen zarten Rosaton, der zur Mitte, wo nur wenige hellgelbe Staubgefäße stehen, fast weiß erscheint. Das dunkelgrüne Blattwerk bildet die ideale Ergänzung zu der zierlichen Pflanzengestalt. Kaum 5 cm Jahreszuwachs, aber immer reicher Blütenknospenansatz kann von dieser Sorte erwartet werden. Im Garten ausgepflanzt, zeigt 'Snippet' in norddeutscher Küstenregion gute Winterhärte mit Blütenbeginn im April.

'Silverado' als völlig unbehandelter 8jähriger Bonsai.

'Snippet', ein Blütenwunder mit Zwergwuchs.

Die schönsten Kamelien im Porträt

'Yukibata-tsubaki'

'Unryu-tsubaki'
Camellia japonica

1967 entstand in Japan diese »zickzackwüchsige« Kamelie, deren Name »Drache in den Wolken« bedeutet. Scharlachrot ist die einfache glockenförmige, 8 cm große Blüte mit gelber Staubgefäßmitte. Das dunkelgrüne gewölbte Blattwerk präsentiert sich hochglänzend. Die Wuchsform dieser Kamelie erinnert an die bekannte Korkenzieher-Haselnuss. Bizarr verdreht winden sich Triebe sehr langsam in alle Richtungen. Im Herbst bietet häufig ausgebildeter Fruchtansatz mit rotbäckigen kleinen »Äpfelchen« zusätzlichen Reiz. Die Bonsai-Pflege sollte sich bei dieser Sorte auf ein »Wachsenlassen« beschränken.

'Yukibata-tsubaki'
Camellia japonica subsp. *rusticana*

In den Schneebergen unmittelbar an der Westküste Japans wurde 1974 diese Kamelie entdeckt, und »Kamelie wächst neben dem Schnee« bedeutet auch der japanische Name. Das für eine *Camellia japonica* kleine Blatt von 6 cm Länge und 3 cm Breite hat leichten Glanz. Der langsame Wuchs und breite Aufbau dieser Sorte machen sie zum Bonsai geeignet. Pflanzen mit 30 Jahren sind 1 m hoch und 150 cm breit. An feinen Ästen steht eine dichte Belaubung. Die scharlachrote, 5 cm große Blüte öffnet sich zu einer flachen Schale. Zylindrisch angeordnet stehen hellgelbe Staubgefäße im Zentrum der Blume. Zusammen mit den umgebenden flach ausgebreiteten Blütenblättern entsteht so der Eindruck einer Miniatur-Higo-Kamelie. Mehr als −10 °C Frost ist dieser spät blühenden Sorte nicht zuzumuten, wenn man den immer reichlichen Knospenansatz zur üppigen Blüte erreichen möchte.

Blattzierende Kamelien

Das überwiegend hochglänzende, sattgrüne, dichte Blattkleid der Kamelien behält seinen außerordentlichen Zierwert während des ganzen Jahres. Zum Vegetationsbeginn nach vollzogener Blütezeit entwickeln deutlich hellgrüne Neutriebe auch ihre neuen Blätter, die im Juli ihre charakteristische dunkler grüne Ausfärbung erhalten und erst dann hart und ausgereift sind.
Nachfolgend beschriebene Kameliensorten bieten eine Auswahl der schönsten, auffallend in Farbe und Form des Blattwerks abweichenden Kameliensorten, die jeweils auch ohne Blüten ganzjährig eine überaus zierende Wirkung erzielen.

'Benten-kagura'
Camellia japonica

'Benten' ist eine Bezeichnung aus der japanischen Mythologie, und mehrere Kameliensorten mit weißen Blattzeichnungen haben daher 'Benten' in ihrem Namen. Die hier vorgestellte Sorte (Japan um 1950) besitzt neben lebhaften weißen unregelmäßigen Blatträndern und

Blattzierende Kamelien

dunkelgrüner Blattmitte variierende Blattformen. Mit ihrer mittelgroßen päonienförmigen rosaroten Blüte beginnt sie häufig schon vor Weihnachten. Als kompakt wachsende Pflanze ist 'Benten-kagura' für Kübel besonders attraktiv, da sie auch ohne Blüten erfrischend farbig wirkt. Für Freiland ungeeignet.

'Benten-portuense'
Camellia japonica

Die cremeweißen, sehr regelmäßigen Blattränder dieser um 1870 in Portugal entstandenen Sorte erscheinen zu der sattgrünen Blattspreite sehr zierend.

Die einfachen, 8 cm großen, leuchtend hellroten Blüten mit ihrer goldgelben Staubgefäßmitte öffnen sich im Wintergarten im Januar, im Freiland nicht vor April. Ein rötlicher Neutrieb beginn nach der Blütezeit und setzt einen weiteren Farbakzent zu dieser langsam buschig-aufrecht wachsenden Sorte.

'Fukurin-ikkyu'
Camellia japonica subsp. *rusticana*

Auch wenn diese alte japanische Sorte von 1876 zu den Schnee-Kamelien gehört, ist eine Garteneignung nur in den mildesten Gegenden Deutschlands gegeben. Als Kübelpflanze ist sie mit zierlichem, gut verzweigtem buschigem Wuchs und dezent farbigem kleinem Laub jedoch eine ganzjährige Zierde. Die kleinen, halbgefüllten, reichlich erscheinenden Blüten sind hellrosa oft weißrandig mit sehr variablen roten Adern und Streifen in den Blütenblättern. Hellgelb erscheint die Staubgefäßmitte. Das schmale Blatt hat eine dunkelgrüne Mitte und hell olivgrüne adrige Blattränder mit gelbgrünen lebhaften Zeichnungen.

Farben- und Formenreichtum im Blattwerk der hier gezeigten Kameliensorten geben einen Eindruck ihrer lebhaften Variabilität.
① 'Golden Spangles'
② 'Benten-kagura'
③ 'Ginyo tsubaki'
④ 'Kinsekai'
⑤ 'Sasanqua Variegata'
⑥ 'Hakuhan-kujaku'
⑦ 'Holly Bright'
⑧ 'Benten-portuense'
⑨ 'Shirokingyoba-tsubaki'
⑩ 'Hanadaijin-benten'
⑪ 'Kingyo-tsubaki'

Die schönsten Kamelien im Porträt

'Hakuhan-kujaku'

'Golden Spangles'
Camellia × *williamsii*

Als *Camellia saluenensis*-Hybride ist diese Sorte 1946 als Sport von Mary Christian in England

'Hanadaijin-benten'

entstanden. Ihre Blüten prangen leuchtend rosarot und sind bei einfacher Form von mittlerer Größe. Die goldenen Sprenkel auf der Blattmitte bleiben an schattigen Standorten, wo ihre Winterhärte sehr zuverlässig ist, gelbgrün. Der Wuchs ist gut verzweigt ausladend.

'Hakuhan-kujaku'
Camellia japonica

Diese Sorte entstand als Sport aus 'Kujaku' 1968 in Japan. Der Name bedeutet »weiß gefleckter Hahnenschwanz« und bezieht sich auf die auffällige Blüte, das heißt die schmalen, langen, bogig geschwungenen, karminroten Blütenblätter dieser halbgefüllt blühenden Kamelie, die unregelmäßige, lebhafte weiße Flecken tragen. Dazu kommt die stark hängende Verzweigung. Mit 15 cm Länge und 3 cm Breite wirkt das dunkelgrüne glänzende reichliche Blattwerk als üppige Kamelienkaskade.

'Hanadaijin-benten'
Camellia sasanqua

'Hanadaijin-benten' entstand 1982 als buntlaubiger Sport von 'Hanadaijin' bei Domoto in USA.

Jeden Herbst krönt eine mittelgroße einfache rosa Blüte diese sehr kompakt und langsam wachsende Pflanze. Das gezähnte, dicht stehende Laub ist klein und äußerst kontrastreich cremeweiß-graugrün gezeichnet. Eine der schönsten Benten-Kamelien, aber sehr rar.

'Holly Bright'
Camellia japonica

Diese bemerkenswerte Pflanze ist 1981 in Nuccio's Nurseries, Altadena, USA, entstanden. Außergewöhnlich ist nicht nur die 11 cm große halbgefüllte lachsrote Blüte mit ihren kreppartigen Blütenblättern, sondern vor allem das Blatt mit tiefer, oft gedrehter Randzahnung, das wie ein Ilexblatt wirkt. Dieses Merkmal war übrigens auch namensgebend. Die Winterhärte ist bislang unerprobt. Als Blickfang ist diese Sorte mit ihrem aufrechten Wuchs ganzjährig attraktiv.

'Kinsekai'
Camellia japonica subsp. *rusticana*

1956 erstmals in Japan erschienen, zeigt diese Sorte den typi-

Blattzierende Kamelien

schen kompakten Wuchs der Schneekamelien. Die kleine hellrote einfache Blüte erscheint nie vor März. Der japanische Name bedeutet »Goldene Welt« und geht auf die leuchtend gelbe Blattmitte des sonst moosgrünen, 8 cm langen ovalen Blattes zurück. Diese zierende Belaubung steht sehr dicht und wirkt fast bedeutsamer als die Blüte.

'Kingyo-tsubaki'
Camellia japonica

Der 1789 erstmals in Japan erwähnte Name heißt übersetzt »Goldfisch-Kamelie« – und in der Tat wirken ihre meist dreigeteilten Blattspitzen wie ein Goldfischschwanz. Die mittelgroße

Die zauberhafte Goldfisch-Kamelie 'Shirokingyoba-tsubaki'.

'Holly Bright'

Blüte ist einfach, trichterförmig und rosarot mit hellgelben Staubgefäßen. Gut beschattete Gartenplätze sichern dieser kompakt aufrecht wachsenden Sorte mit ihrer interessanten Belaubung gute Winterhärte.

'Shirokingyoba-tsubaki'
Camellia japonica

Diese weiße Goldfisch-Kamelie kam erst 1957 in den Westen, obwohl sie sehr lange vorher in Japan entstand. Ihre große einfache weiße Blüte mit der bronze-goldenen puderquastenartigen Staubgefäßmitte zeigt Higo-Ähnlichkeit. Oft verströmt diese Sorte einen frischen, leichten Duft. Großes goldfischschwanzähnliches dunkelgrünes Blattwerk steht dicht an der breit-kompakt und langsamwüchsigen Pflanze. Nur in sehr wintermilden Gegenden ausreichend winterhart.

Bezugsquellen, Adressen, Literatur

Lohnende Kamelien-gärten und Anlagen in Deutschland

Botanischer Garten
Schloss Zuschendorf
Kastanienallee 6
01796 Pirna-Zuschendorf
sowie
01006 Dresden-Pillnitz
Schlosspark
Info Tel.: 0351-4914619
(mit Deutschlands ältester Kamelie)

Schlossgärtnerei
Königsbrück
01936 Königsbrück
(wenige sehr alte Kamelien)

Botanischer Garten
FU Berlin
Königin-Luise-Str. 6–8
14191 Berlin-Dahlem

Kamelien Paradies Wingst
Peter Fischer
International Camellia
Garden of Excellence
Höden 16, 21789 Wingst
Tel.: 04778-263

Botanischer Sondergarten
Walddörfer Str. 273
22047 Hamburg

Botanischer Garten
der Universität Hesten 10
22609 Hamburg

Arboretum-Baumpark
Ellerhoop-Thiensen
Thiensen 17
25373 Ellerhoop
(bei Elmshorn)

Park der Gärten
Elmendorfer Str. 65
26160 Bad Zwischenahn
Rostrup

Rhododendronpark
und Botanica
Deliusweg 40
28359 Bremen

Schlosspark Wilhelmshöhe
Oberzwehrener Str. 103
34132 Kassel

Grugapark Essen
Külshammer Weg 32
45149 Essen

Neue Flora und
Botanischer Garten
Amsterdamer Str. 34
50735 Köln

Japanischer Garten
der Bayer Leverkusen AG
Düsseldorfer Str.
51061 Leverkusen

Palmengarten
Siesmayerstraße 63
60323 Frankfurt/Main

Wilhelma Zoologisch-botanischer Garten
Neckartalstraße
70342 Stuttgart-Bad Cannstatt
(alte Kameliensammlung)

Schweiz
Lago Maggiore
Parco Botanico Eisenhut
6575 San Nazarro/Ticino

Italien
Lago Maggiore
Villa Taranto, Pallanza
28922 Verbania
Isola Madre

Frankreich
Jardin de Plantes
44036 Nantes

Parc floral des Moutiers
Parc de Trévarez
2952 Saint-Goazec

Portugal
Casa do Casal
José Gil Ferreira
4780 Santo Tirso Retojos

Madeira
Blandy's Garden
Quinta do Palheiro

England
Royal Horticultural
Society's Garden
Wisley, Surrey
(südlich von London)

Antony Woodland Garden
Torpoint Cornwall
bei Plymouth

Tregrehan,
Carlyon Estate Par
(bei St. Austell, Cornwall)

Bodnant Garden
Tal-y-Cafn, Wales

Belgien
Brüssel
Königliche Glashäuser,
Laeken
(sehr schöne alte Kameliensammlung; nur 1 Woche im Mai für Besucher offen)

Übrige Welt

Australien
Paradise Plants,
Bob Cherry
Kulnura NSW 2250
Melbourne
Royal Botanic Gardens

Neuseeland
Botanic Gardens
Wellington, Christchurch,
Dunedin

Japan
Kyoto, Kaiserliche historische Kameliengärten

China
Jinhua, Subtropical Forestry
Research Institut (Fuyang)
International Camellia
Species Garden

USA
Descanso Gardens
1418 Descanso Drive
The Huntington Botanical
Gardens
1151 Oxford Road
San Marino, Calif. 91108

Bezugsquellen für Kamelien

Michael v. Allesch
Kurfürstendeich 52
21037 Hamburg
(reiches Sortiment, Versand)

Kamelien Kulturen
Peter Fischer
Höden 16
21789 Wingst
Tel.: 04778-263
Fax: 04778-274
E-Mail: fischer@kamelie.de
Internet: www.kamelie.de
(größtes Sortiment, Versand)

Walter Klotz
Auf der Trift 13
63329 Egelsbach
(auch Versand)

Huben Baumschulen
Schriesheim Fußweg 7
68526 Ladenburg
(auch Versand)

Schweiz
Baumschule Eisenhut
6575 San Nazzaro/Ticino
Mercato verde
Gürrelstr. 41
7000 Chur
www.mercato-verde.ch

Bezugsquellen, Adressen, Literatur

Italien
Floricultura Lago Maggiore
Piffaretti
Laveno/Mombello
Giovanni Piffaretti
Via Verdi 22
21036 Gemonio
www.galactica it/fl

Frankreich
Pépinière Thoby
B.P. 113, Route de Paris
44470 Carquefou
www.thoby.com

England
Trehane Camellia Nursery
Stapehill Road,
Hampreston, Wimborne
Dorset BH217NE
Tel./Fax: 0044-1202-87-3490 (auch Export)

USA
Camellia Forest Nursery
9701 Carrie Road
Chapel Hill NC 27516

Nuccio's Nurseries
P.O.B. 6160, Altadena
Cal. 91001, USA (auch Export)

Adressen

Kamelien-Gesellschaften

Deutsche Kamelien-gesellschaft e V.
Stahlbühlring 96
68526 Ladenburg
E-Mail:
Kamelien@t-online.de
www.Kamelien-online.de

Internationale Camellia
Society (ICS)
German Membership
Representative:
Rolf Tiefenbach
Am Mühlenbach 12
27711 Osterholz-Scharmbeck
Tel./Fax: 04791-57669
www.camellia-ics.org

Publikationen:
• International Camellia
Journal (Jahrbuch)
• International Camellia
Register (2 Bände & Registerband – die weltweit umfangreichste Nomenklatur der Gattung *Camellia*)

Literatur

Andreas Bärtels:
Das große Buch
der Kamelien
Eugen Ulmer Verlag,
Stuttgart 2003

Mustafa Haikal:
Der Kamelienwald
Gustav Kiepenheuer Verlag,
Leipzig 2000

Jennifer Trehane:
Camellias Batsford
Gardening Book,
London 1998

Piero Hillebrand,
Gianbattista Bertolazzi:
Antiche Camelie
Alberti Libraio
Editore 2003
(Ausgezeichnete Bilder und Texte (engl/ital.) zu allen alten italienischen Kamelien)

Stirling Macoboy:
The illustrated
Encyclopedia of Camellias,
Timber Press 1998,
Lansdowne
Publishing Pty Ltd

Chang Hung Ta und
Bruce Bartholomew:
Camellias (Monografie of Camellia species)
Batsford, Timberpress 1984
B. T. Batsford Ltd.

Stichwortverzeichnis

Seitenzahlen mit * verweisen auf Abbildungen

Abmoosen 34, 34*
Absenker 35
Absinken des pH-Wertes 24
'Adelina Patti' 45, 45*
'Adolphe Audusson' 19*, 45
Adolphe Audusson Variegated' 45
'Alba Plena' 46, 46*
'Alba Simplex' 46
'Alice Wood' 73, 73*
Alkaloide 15
Akarizide 40
'Anticipation' 46, 46*
Anwachsrate 34
Anzuchtgebiete 22
'Apollo' 46
'Apollo Variegata' 47
Arten 10, 11
Artenschutz 8
Aspasia Macarthur' 77
Ausräumen 29
Ausreifung 22
Aussaat 35
Azaleen 20

'Barbara Clark' 73, 73*
Barksplitting 43, 43*
Baumbestand 20
Baumwachs 33
'Beatrice Emily' 68, 68*
'Bella Romana' 47, 47*
'Benten' 88
'Benten-kagura' 88, 89*
'Benten-portuense' 89, 89*
'Berenice Boddy' 47, 47*
Bernstein 10
Besprühen 26
Beuchert, Marianne 23
Bewurzelungsdauer 33
Bewurzelungshormon 32
'Black Lace' 48, 48*
Blattflecken-Mittel 38
Blattfleckenkrankheiten 38
Blattläuse 39
Blattschmuck-Kamelien 88ff.
Blattverbrennungen 20
Blattverlust 42
blattzierende Kamelien 88ff.
'Blood of China' 48
Blüte 10
Blütenblätter 10
Blütenfäule 37, 37*
Blütenknospen vermindern 31*

Blütenknospenanlage 31
Blütenknospenausbildung 22
Blütenknospenstadium 31
Blütenreichtum 17
'Bob's Tinsie' 31*, 48, 48*
Bodenaustausch 25
Bodenbehandlung 39
Bodenhaftung 35
Bodenstruktur 24
Bodentemperatur 33
Bodenverhältnisse, kalkarme 26
Bodenverhältnisse, ungeeignete 25
'Bokuhan' 73, 74*
'Bonanza' 68
Bonsai-Kamelien 86ff.
'Botanyuki' 74, 74*
Botrytis cinerea 37
Brennglaseffekt 42
'Brigadoon' 48
Buchtenfraß 40*, 41

Camellia amplexicaulis 11, 11*
C. chrysantha 13*
C. crapnelliana 11
C. cuspidata 11, 50
C. fraterna 11
C. gigantocarpa 11
C. grijsii 11
C. × hiemalis 87
C. japonica 10, 12

C. japonica subsp. rusticana 64, 74
C. lutchuensis 12
C. maliflora 12, 12*
C. nitidissima 12, 13*
C. oleifera 13
C. pitardii 13, 21*
C. reticulata 9, 13
C. saluenensis 13, 14*
C. sasanqua 14
C. sasanqua subsp. hiemalis 68, 72
C. sasanqua subsp. vernalis 72
C. sinensis 9, 14
C. sinensis subsp. assamica 7*, 15, 16*
C. tsaii 15
C. × williamsii 46
C. yuhsienensis 12
C. yunnanensis 15, 15*
Camellus, Pater 7
Cha 8
'Charlotte Rothschild' 46
China 8
Ciborina camelliae 37
'Cinnamon Cindy' 82, 82*
'Cleopatra' 69, 69*
Cleyera 10
'C. M. Wilson' 49, 49*
'Collettii' 49, 49*
'Contessa Lavinia Maggi' 60
'Coquettii' 50, 50*

93

Stichwortverzeichnis

'Cornish Snow' 50, 50*
'Cornish Spring' 50
'Crimson King' 69

'**D**agmar Berghoff' 51, 51*
'Dahlohnega' 74, 74*
'Debbie' 51, 51*
'Debutante' 51
'Desire' 62, 62*
Dickähre 21
Dickmaulrüssler 40*, 41
'Donatlon' 52, 52*
'Donckelaerii' 62
'Dr. Burnside' 52, 52*
'Dr. Clifford Parks' 74, 75*
'Dr. Tinsley' 53, 53*
'Duc d´Orleans' 47
'Duftglöckchen' 82*, 83
duftende Kamelien 82ff.
Durchfrieren 25
Durrant, Tom 8*

'**E**aster Morn' 75, 75*
Edelreiser 33
Einheitserden 30
Einkauf 22
Einpacken 29
'Elegans' 53, 53*
'Elegant Beauty' 54
'Ella Ward Parsons' 75
'Elsie Jury' 54
Entwicklungsphase 22
Erfrieren 29
'E. T. R. Carlyon' 54, 54*
'Extravaganza' 75, 75*
'Ezo Nishiki' 67

Farbspektrum 13
Feuchtigkeit 29
'Fimbriata' 46
Flory 1 Mega 27
Folienabdeckung 33
Foliengrundabdeckungen 25
'Fostine' 64
'Fragrant Pink' 83
'Francie L.' 76, 76*
Franklinia 10
F. alatamaha 10
'Frau Minne Seidel' 65
'Fred Sander' 51, 51*
'Freedom Bell' 55, 55*
Frost 25
Frostperioden 29
Fruchtbildung 35
Fruchtblätter 10
Früchte 15, 36
Früchte, ölhaltige 13
Fruchtknoten 10
'Fuji' 55, 55*, 56
'Fuji-no-yuki' 56
'Fujiyama' 64
'Fukurin-ikkyu' 89

Garage 17
'Gardenia' 66
Gartenkompost 24
Gartenstandort 8
Gartentauglichkeit 17
Gefäße 29

Gelbfleckenvirus 39*
Gelbfleckigkeit 39*
'General Colletti' 49
'General Lamorciere' 47
Gerbstoffe 15
Gewächshäuser 17, 22
Gießen 26
Gießwasser, kalkarmes 26
'Ginyo tsubaki' 89*
'Glen 40' 50
Glomerella cingulata 38
'Golden Snow' 66
'Golden Spangles' 89*, 90
Goldfisch-Kamelie 56, 91
'Grace Albritton' 76
'Grand Prix' 24*, 56
Grauschimmel 37
Grunddüngung 27
'Guilio Nuccio' 19*, 56

'**H**agoromo' 57*
'Hakuhan-kujaku' 89*, 90, 90*
'Hakutaka' 56
'Hanadaijin-benten' 89*, 90, 90*
'Hanafuki' 76*
Hauptnährstoffe 27
'Herme' 57
'High Fragrance' 83, 83*
'Higo-Kyo-nishiki' 59
'Higos' 56
'Hikarugenji' 57
'Hiodoshi' 57, 57*
Hochbeete 25
Höhenlagen 8, 15
'Holly Bright' 89*, 90, 91*
Honigtaubildung 39
Huminsäurespiegel 32
Hygiene 39

Insektizid 40
Insektizide 41
Inspiration' 58, 58*
isolieren 25
'Itty Bit' 17*

Jahrestrieb, zweiter 30
Jahreswachs 22
Jahreszuwächse 30
Janet Waterhouse' 58, 58*
Japan 8
Japanischer Garten 21
'J. C. Williams' 58
'Jean May' 69
'Jordan's Pride' 57
Jungpflanzen 33
'Jupiter' 46
'Jury's Yellow' 76
'Jutta' 77

Kamel, Josef 7
Kamelie als Nutzpflanze 15
Kamelien im Schnee 29*
– pflanzen 25
Kamelien-Blütenfäule 37, 37*
Kamelienbäume 9
Kamelienheimat 8
Kamelienholz 16
Kamelienneupflanzungen 27
Kamelienöl 16

Kamelienöl-Plantagen 16
Kameliensaat 36*
Kameliensamen 36*
Kameliensubstrat 24
Kamelienwurzelungstiefen 24
Kamelienzüchtung 12
Kelchblätter 10
Keller 17
'Kingyo-tsubaki' 89*, 91
'Kinsekai' 89*, 90
'Klein Holland' 79
Kleinklima 23
Klima-Karte 23
Knospenbildung 31
Koffeingehalt 15
Kompost 28
'Konronkoku' 59*
Kontrollen 33, 35
Kopfsteckling 32
Korkwarzen 43, 43*
'Kramers Supreme' 59
Kreuzungen 12
Kulturgut 86
Kümmerwuchs 38
'Kyo-nishiki' 59, 59*

'**L**ady Audrey Buller' 62
'Lady Vansittart Blush' 60
'Lady Vansittart White' 60
'Lady Vansittart' 60, 60*
Langtag 22
Larven 41
Laub 28
Laubblätter 10
'Laurie Bray' 60, 60*
'Lauterbach' 49
'Lavinia Maggi' 60, 60*
'Leonard Messel' 60, 61*
'Leucantha' 61, 61*
Liebig, Justus von 27
'Loki Schmidt' 61, 61*
'Lonjan' 62
Luftaustausch 22
Luftfeuchtigkeit 26

Magnoliaeflora 56
'Maman Cochet' 64
'Man Size' 62, 62*
Marco Polo 7
'Margaret Davis' 77, 77*
'Marguerite Gouillon' 47
'Maroon and Gold' 77, 77*
'Mars' 46
'Mary Phoebe Taylor' 62, 62*
'Masayoshi' 23*, 45*, 62
'Matterhorn' 78
Mäuse 41
Maximaltemperatur 17
'Mercury' 46
'Mikenjaku' 62, 63*
'Minato-no-akebono' 83
Mindestlebensalter 25
Mindestluftfeuchte 17
'Mine-no-Yuki' 69*
Mineralböden 24
Minimum-Gesetz 27
Minustemperaturen 23
Monochaeta camelliae 38
'Morning Glory' 63, 63*
'Mrs. D. W. Davis' 78, 78*
'Mrs. Tingley' 63, 63*

Mulchabdeckungen 28
Mulchen 28
Mutterpflanze 34

'**N**agasaki' 62
Nährstoffversorgung 26
'Narumigata' 70, 70*
Nationalblume 13
Naturhybriden 13
'Neige d'Orée' 66
Nematoden 41
Nepal 8
Neuseeland 8*, 10
Neutriebbeginn 28
'Nioi-Fubuki' 84
'Nobilissima' 64
'Nuccio's Gem' 64, 64*
'Nuccio's Jewel' 79
'Nuccio's Pearl' 64, 64*
Nützlingseinsatz 40
Nutzpflanze 13

'**O**kan' 86, 86*
'Oki-No-Nami' 64, 65*
Okulation 33
Öle, ätherische 82
Ölgewinnung 14
'Orandako' 78*, 79
Osmocote Exact 27
'Otome' 65

'**P**aradise Baby Jane' 86
'Paradise Blush' 70
'Paradise Caroline' 70, 70*
'Paradise Pearl' 70
'Paradise Petite' 70*, 71
'Paradise Sayaka' 71
Petalen 12, 47
Petaloiden 46
Pflanzenhabitus 30
Pflanzloch 25
Pflanzsubstrate 30
Pflegeaufwand 28
pH-Wert 9, 10, 24
pH-Wert-Kontrolle 26
Phyllosticta camelliae 38
Phytophthora cinnamomi 38*
Pillnitzer Kamelie 9, 9*
'Pink Pearl' 64
'Pink Perfection' 64
Pilzmittel 37
Plantacote Mix 4M 27
'Plantation Pink' 71, 71*
Praxis 27
'Prima Ballerina' 79, 79*
'Purity' 66
Pyrethrum-Mittel 40

Qualität 22
'Quintessence' 84

'**R**ainbow' 71, 71*
Raupen 41
Resistenzbildung 40
Rhododendren 20
Rhododendrondünger 28
Rhodohum 24
Rinde 11

Stichwortverzeichnis

Rindenaufbrüche 43
'R. L. Wheeler' 65, 65*
'Royal Velvet' 79, 79*
'Rubescens Major' 66, 66*
Rückschnitt 30
Ruß- und Honigtaubelag 39*
Russland 15
Rußtau 39
'Ryuge' 80, 80*

Sackschildlausbefall 39*
Sackschildläuse 39
'Sarah C. Hastie' 51
Samenanlagen 10
Sämlinge 33
'San Dimas' 80, 80*
'Sasanqua Variegata' 89*
'Scented Gem' 84, 85*
'Scentuous' 85
Schatten, wandernder 19
Schermäuse 41
Schildläuse 39
Schildläusebefall 39*
Schneckenfraß 41
Schneelast 29*
Schneiden 30
Schnittfläche 32
Schnitttechnik 34
Schrägschnitt 34
Schutz 28
Schwächeparasiten 38
Schwankungen 20, 26
Sektion Archecamellia 11
– Camellia 12, 13
– Chrysantha 12
– Furfuracea 11
– Oleifera 13, 14
– Paracamellia 11, 12
– Stereocarpus 15
– Thea 14
– Theopsis 11, 12, 15
'Setsugekka' 72
'Shiragiku' 66, 66*
'Shiro Botan' 7*

'Shiro-ezo-nishiki' 61
'Shirokingyoba-tsubaki' 89*, 91, 91*
'Shishigashira' 87
'Siebold White' 61
'Silverado' 87, 87*
Sklereiden 10
'Snippet' 87, 87*
Sollbruchstellen 34
Sommeröl 39
Sonnenabschirmung 28
Sonnenbrand 42, 42*
'Souvenir de Henri Buichard' 57
'Souza's Pavlova' 85, 85*
'Sparkling Burgundy' 72
Spinnmilben 40
Sport 46
'Spring Festival' 66, 67*
Stallmist 28
Stammpflanze 35
Stammumfang 9
Standortwahl 20
'Star Above Star' 72, 72*
Stärkekörner 10
Staunässe 20
Stecklinge 32
Stecklingsvermehrung 32*
Stewartia 10
Stress 38
Struktur des Bodens 24
Substrat 26
Substrataustausch 39
'Superba Alba' 64

'Taiyo-nishiki' 67
'Tama-usagi' 66
Tauchen 26
Tee 7
Teelieferanten 15
Teestrauch 7
Teestrauchgewächse 7, 8
'Tenninkwas' 62
'Tinsie' 73

Terminalknospe 31
Ternstroemia 10
Tertiär 10
Theaceae 7, 10
Theobromin 15
Theophyllin 15
Toleranz 17, 21
'Tom Thumb' 80, 81*
'Tomorrow' 81
'Tomorrow's Dawn' 81, 81*
Topfkamelien 17
Topfsubstrat 24
Torfkultursubstrate (TKS1) 30
Trauermückenlarven 40
'Tricolor' 67, 67*
'Tricolor Siebold' 67
Triebsterben 38, 38*
'Tristrem Carlyon' 81

Überwinterung 17
Überwinterungsort 17
'Unryu-tsubaki' 88
Unterarten 10
Unterlagen 33
Ur-Kamelie 12
'Uso-Otome' 64

Verdunstungsschutz 34
Veredelung 33, 33*
Vereinzeln 33
Verfrühen 22
Vergesellschaftung 21
Verkrüppelungen 39, 40
Verlust 29
Vermehrungsbeet 32
Verpflanzen 33
Verpflanzung 27
Versalzungsschaden 42
Vertrocknen 29
Verzweigtheit 30
Vila Nova de Gaya 9
'Ville de Nantes' 62
Viruserkrankungen 39

Vögel 41
Volldünger 28
Vollschatten 19

Wachstum, vegetatives 22
'Wakanoura White' 61
Wasserabzug 30
Wasserbedarf 26
Wässern 25
Weißtorf 24
Wetterbeständigkeit 54
'White Tricolor' 61
Wild 41
Wildarten 11
Wildhybride 12
Wildverbissschäden 41
Williams 14
Williamsii-Hybriden 14
'Wingster Olymp' 68, 68*
Winterfröste 23
Wintergärten 17, 22
Winterresistenz 27
Winterruhe 17, 43
Winterwinde 28
Wohnräume 17
Wohnraumheizung 17
Wuchsformkorrektur 30
Wühlmäuse 41
Wundverschluss 34
Wurzelballen 30*
Wurzelbett 25
Wurzelbildung 34
Wurzeldruck 20
Wurzelsterben 38*
Wurzelungsneigungen 9

'Yours Truly' 60
'Yukibata-tsubaki' 88, 88*
'Yuletide' 72
'Yume' 81

Zickzackwüchsige Kamelie 88

Bildnachweis:

Alle Bilder von Peter Fischer, außer:
BASF: 40u
Bieker: 45, 51o, 61ur, 75u, 80ol
Lüttig Matthias: 9
Reinhard: 16
Romeis: 1, 53o, 72o, 83
Strauß: 2o, 31o, 46u, 48o, 51u, 63ur, 64o, 69o, 73u, 76u, 80ur

Bibliographische Information
Der Deutschen Bibliothek

Die Deutsche Bibliothek verzeichnet diese Publikation in der Deutschen Nationalbibliografie; detaillierte bibliografische Daten sind im Internet über http://dnb.ddb.de abrufbar.

BLV Buchverlag GmbH & Co. KG
80797 München

Das Werk einschließlich aller seiner Teile ist urheberrechtlich geschützt. Jede Verwertung außerhalb der engen Grenzen des Urheberrechtsgesetzes ist ohne Zustimmung des Verlags unzulässig und strafbar. Das gilt insbesondere für Vervielfältigungen, Übersetzungen, Mikroverfilmungen und die Einspeicherung und Verarbeitung in elektronischen Systemen.

© 2005 BLV Buchverlag Gmbh & Co. KG, München

Umschlaggestaltung:
fuchs_design, Riemerling

Umschlagfotos:
Vorderseite: Bieker ('Dagmar Berghof');
Rückseite: links Fischer ('Dalhonhega'), rechts Bieker ('Bob's Tinsie')

Layoutkonzept Innenteil:
Studio Schübel, München

Lektorat: Dr. Thomas Hagen
Herstellung: Hermann Maxant

Layout: Anton Walter, Gundelfingen
Satz: agentur walter, Gundelfingen

Gedruckt auf chlorfrei gebleichtem Papier

Printed and bound in Germany ·
ISBN 3-405-16839-2

Blütenzauber für den Garten

Christoph Köchel/Lutz Köhler
Wintergarten
Alle Grundlagen zur Wintergartentechnik von der Planung bis zur Bauausführung; Bepflanzungen für verschiedene Temperaturbereiche – jeweils mit Porträts typischer Pflanzen; Beispiele mit Pflanzplänen; Pflanz- und Pflegepraxis.
ISBN 3-405-15843-5

Iris Jachertz
Die schönsten Gartenblumen
Der Einkaufsberater für Einsteiger: Porträts von über 330 Stauden, Sommer- und Zwiebelblumen, Gräsern und Farnen; Gestaltungsgrundlagen, Kombinationsmöglichkeiten, Pflegepraxis.
ISBN 3-405-16761-2

Tanja Ratsch
Der Garten im Topf
Der mobile Garten – innovativ, platzsparend und variabel: Gestaltungsmöglichkeiten mit Pflanzen in Töpfen und Kübeln, besonders geeignet für kleine Gärten, Terrassen und Balkone.
ISBN 3-405-16605-5

Robert Markley
Rosen – Der Praxis-Ratgeber
Die 150 besten Rosen in ausführlichen Porträts; Gartengestaltung mit Rosen, Kombinationsmöglichkeiten mit anderen Pflanzen; Pflege, Schnitt, Winterschutz, Pflanzenschutz.
ISBN 3-405-16491-5

blv garten plus
Walter Hörsch/
Fotos: Ursel Borstell u.a.
Clematis
Die schönsten Clematis – geordnet nach Blütezeit: Verwendung und Kombination, Pflanzung, Pflege, Schnitt, Pflanzenschutz.
ISBN 3-405-16212-2

blv garten plus
Dorothée Waechter/
Fotos: Ursel Borstell u.a.
Romantische Blumengärten
Verwunschene Blumengärten einst und jetzt, Wegbeläge, Farben, Accessoires, romantische Gestaltungen mit Pflanzplänen.
ISBN 3-405-16213-0

Im BLV Verlag finden Sie Bücher zu den Themen: Garten und Zimmerpflanzen • Natur • Heimtiere • Jagd und Angeln • Pferde und Reiten • Sport und Fitness • Wandern und Alpinismus • Essen und Trinken

Ausführliche Informationen erhalten Sie bei:
BLV Verlagsgesellschaft mbH • Postfach 40 03 20 • 80703 München
Tel. 089 / 12705-0 • Fax 089 / 12705-543 • http://www.blv.de